JN068714

伊勢西国三十三所観音巡礼

もう一つのお伊勢参り

千種清美

ご挨拶

伊勢西国三十三所霊場会　会長
（第二十四番　荒神山観音寺　名誉住職）
村上 道雄

「思いたつその間こそ遥かなれ、出づれば易き
伊勢の巡礼……」
（『勢陽雑記』）

平安時代初期、公卿《くぎょう》であり文人の小野篁《たかむら》が詠んだとされる歌です。

伊勢西国三十三所観音巡礼は、千年以上もの前から人々が観音様を参拝して巡る巡礼として栄えてきました。

また、江戸時代お伊勢参り「参宮《さんぐう》」が盛んになると、「もう一つのお伊勢参り」と言われ、天照大御神《あまてらすおおみかみ》様から日々いただく恩恵に対し〝感謝〟のお礼参りと、人々から永遠になくなることがない願いや、苦しみへの〝祈り〟を同時におこなうことができたのが、参宮とこの観

音巡礼です。

また、本巡礼は、地図でみると南から順に北へ向かうにつれ巡礼番号が大きくなる特異な形態になっているのも、お伊勢さん（神宮）を起点とし、参宮を終えられた方々が帰りの道中に順に参拝しやすいように配慮されたものであります。

現代は、迷いも多く混沌とした世の中ではありますが、こんな時代こそ先人たちが千年の時を超え護り伝えてきた「観音巡礼」にためらわず、まずは一歩を踏み出し、出掛けてみませんか？　観音様をお参りすることで、きっと今まで気づかなかったことや、忘れていた大切な気づきがそこにあるはずです。

皆さまのご参拝を各巡礼寺院住職一同、心よりお待ちしております。

感謝　合掌

目次

第三章　四日市・桑名・菰野　北勢地区（元25番～番外）

観音巡礼を始める

千種 清美

観音巡礼《かんのんじゅんれい》を始める、そのきっかけは身近にあるのかもしれない。

私の場合は、祖母の遺品を整理していたら出てきた御朱印帳《ごしゅいんちょう》がきっかけだった。晩年、足の悪い祖母が西国《さいごく》三十三所観音巡りをしていたとは知らなかった。今は令和の御朱印ブームだが、かつても流行っていたのだろうか。

観音さんのお寺を巡る三十三所巡礼は、近畿一円だけでなく、全国各地にある。三重県にも「伊勢西国三十三所観音巡礼」があるのをご存じだろうか。近頃はそれを巡るバスツアーもしていると聞く。

なるほど、祖母も目指した三十三所巡礼、「伊勢西国」ならばできるかもしれないと、やってきたのが、伊勢の「松尾さん」こと松尾観音寺。伊勢西国三十三所霊場会《れいじょうかい》の事務局長を松尾観音寺の木造《こつくり》隆誠住職が務めているからだ。

西国三十三所は、草創１３００年を迎えた、三十三所の観音霊場。巡礼参拝すると現世で犯した罪が消滅し、極楽往生できるとされる。最近は観光や御朱印を集めて巡礼する人も増え、人気が高い。

木造住職によると、伊勢の巡礼は、平安時代に始まるというが、詳細は不明。時代とともに札所《ふだしょ》（霊場）である寺が統廃合するなど、変わってきたはずだという。

平成の時代、大きな転機が訪れる。現在の住職たちで2年間かけてじっくりと巡礼をしたところ、それぞれに発見があった。そこで平成18年に伊勢西国は再編を行い、番外や、元《もと》○番を含めて39か所の寺に落ち着く。寺を除くのではなく、含めたところに共感した。

観音信仰は人々の苦しみを救うことが目的だ。「物質的には豊かになったが、果たして人々は幸せなのですかね」との木造住職の言葉にどきりとした。

伊勢西国は、伊勢神宮に近い伊勢から札所が始まっているのが特徴。そのため、「もう一つのお伊勢まいり」と古くから言われているという。長年伊勢神宮を書いてきた私にとって、寺に残るお伊勢まいりの痕跡は興味深い。それこそ、発見がありそうだ。

ということで、伊勢西国観音巡礼を始めた。きっかけは案外、気軽だった。

天照大御神をまつる伊勢神宮内宮
写真提供　神宮司庁

番外	大福田寺
33	多度観音堂
32	飛鳥寺
31	勧学寺
30	安渡寺
29	聖寶寺
28	宝性寺
27	長興寺
26	垂坂山観音寺
元26番	慈眼寺
25	勅願院観音寺
元25番	尾高山観音堂(旧引接寺)
24	荒神山観音寺
23	野登寺
22	宗徳寺
21	圓福寺
20	林光寺
19	子安観音寺
元19番	蓮光寺
18	府南寺
17	蓮光院初馬寺
16	密蔵院
15	長谷寺
14	恵日山観音寺
13	千手院賢明寺
12	神宮寺
11	近長谷寺
10	金剛座寺
9	千福寺
元9番	國束寺
8	継松寺
7	宝林寺
6	金胎寺
5	中山寺
4	田宮寺
3	松尾観音寺
2	金剛證寺
1	太江寺
番外	正福寺

伊勢西国三十三所観音巡礼の寺々

コラム

天照大御神は観音さま

観音巡礼と「伊勢神宮の関わり」について大きな気づきがあった。私は、当初、伊勢西国三十三所観音巡礼が古くから「もう一つのお伊勢参り」といわれていたことに惹かれ、それが巡礼を始めるきっかけとなっている。伊勢神宮周辺の寺に伝わる由緒には、その繋がりが随所に語られていた。

最初に訪ねた番外《ばんがい》の鳥羽、青峯山正福寺は、伊勢神宮の始まりに関わった皇女、倭姫命《やまとひめのみこと》が来ていた。なるほどそんな伝承があったのかと、第一番より先に参る番外の存在に納得した。

そして、第一番の伊勢市二見町の太江寺は、伊勢神宮内宮の神主、荒木田《あらきだ》氏が再建し、本尊も寄進していた。神主が寺を建てるとは、今の時代では信じがたい。

第四番の田宮寺（玉城町）は、内宮神主の荒木田氏が創建。第五番の中山寺（伊勢市勢田町）は神宮祭主の大中臣氏が建てた蓮台寺（廃寺）の本尊をうつしていた。伊勢神宮の高い位の神職が、一族の冥福やご利益を祈願する私《わたくし》の寺を建て、そこに観音像を本尊としてまつっていたことがわかった。

明治の初めまでは「神仏習合《しんぶつしゅうごう》」という考え方が一般的で、一つの境内に神社と寺があり、一つの霊場をなしていた所もあった。巡礼を始めて、神と仏はこれほど密なものだったのかと改めて驚いた。

ここで一つの疑問が湧いてきた。なぜ観音像をまつったのだろうか。それも伊勢神宮と関わりがあった。内宮の祭神、天照大御《あまてらすおおみ》神《かみ》の本来の姿は、観音であったという仏教の考え方に基づくのである。驚かれるかもしれないが、平安時代末頃から、日本の神々にそれぞれ仏・菩薩《ぼさつ》を定め、本地仏《ほんじぶつ》としていた。例えば、八幡神の本地仏は阿弥陀如来のように。そのため、伊勢西国は天照大御神の本来の姿である観音を本尊とする寺の巡礼となったことがうかがえる。なるほど「もう一つのお伊勢参り」と合点がいった。

また、奈良時代の高僧、行基《ぎょうき》が東大寺の大仏造立を祈願するため、伊勢神宮に参拝し、その帰りに寺を創建したものという由緒が多く語られていた。第一番太江寺、第三番松尾観音寺など真言宗の寺で見られた。行基が参拝した記録はないが、平安時代の重源《ちょうげん》が伊勢神宮に参拝したことは文献にも記されている。

ちなみに、現在も東大寺の最高位、別当《べっとう》に新しく就任すると、伊勢神宮に参拝するのが習わしだ。私も法衣を身に着けた新別当の姿を伊勢神宮の参道で拝見したことがある。僧侶のお伊勢参りも続いているのである。

第一章

伊勢とその周辺

南勢地区（番外〜十二番）

番外

青峯山 正福寺【鳥羽市】

あおのみねさん しょうふくじ

漁師や海女の信仰を集める「青峯さん」。補陀落浄土の海にまずは祈る

山中のくねくねとした道を登りきると、不意に精緻《せいち》な彫刻を施した大きな門が現れた。伊勢神宮のシンプルな社殿を見慣れた目には、新鮮に映る。

伊勢国（三重県）の観音さまを巡る祈りの旅。最初に訪ねたのは、鳥羽市と志摩市磯部《いそべ》町《ちょう》にまたがる標高３３６ｍの青峯山《あおみねさん》。海上から目印になる山で、漁師や海女、船乗りから「青峯さん」と古くから信仰されてきた山である。その頂に、伊勢西国三十三所観音巡礼の番外《ばんがい》の正福寺《しょうふくじ》は建つ。

番外とは、巡礼の番号はもたないが、観音巡礼に含まれる寺という。伊勢神宮からやや離れた鳥羽市の寺が最初の番外とは、不思議に思った。同行の伊勢西国

手の込んだ彫刻が見事な大門。よく見ると、伊勢エビなどが彫られている。

三十三所霊場会の事務局長の木《こ》造《つくり》住職は、「伊勢神宮に近い南の番外で、まず無事成満《じょうまん》の祈願をして、最後、北の番外でお礼参りをするのですよ」と、先代からの言葉を教えてくれた。なるほど、近畿一円を巡る西国三十三所観音巡礼も最初は都から遠く離れた紀伊半島の南端部、熊野の青岸渡寺《せいがんとじ》から始まる。西方の彼方《かなた》に極楽浄土《ごくらくじょうど》があるという仏教の考え方の西方浄土の「西」ではなく、「南」とは意外だった。なんでも南には観音がおられる補陀落浄土《ふだらくじょうど》があるという。観音は、海に面した補陀落浄土の岩上に居られるとされ、日本では熊野の那智山《なちさん》などが知られている。正福寺も、海に面した山上にあり、那智山の青岸渡寺になぞらえ、補陀落浄土の聖地としたのだろう。ここから望める海は、補陀落浄土の海なのだ。

海難防止の霊峰と知られる青峯山の頂に建つ本堂。

　今回は特別に本堂内陣《ないじん》に入れていただく。閉め切った内陣の薄暗い中に、金色の十一面観音が立っておられた。秘仏の本尊に代わり、姿を拝見できる「お前立《まえだ》ち」だ。正福寺の本尊は海から来られた由緒を持つ。鳥羽市相差《おうさつ》の岬に、鯨の背に乗って現れ、四方を照らす黄金の観音像として、その後青峯山にまつられたと伝わる。

江戸時代文化年間に建造された本堂。
静かな内陣の中央に秘仏を納める厨子が
安置される。

【DATA】

◉三重県鳥羽市松尾町 519
◉電話＝ 0599-55-0061
◉御朱印場所＝当寺受付
◉参拝時間＝ 8 時〜 15 時

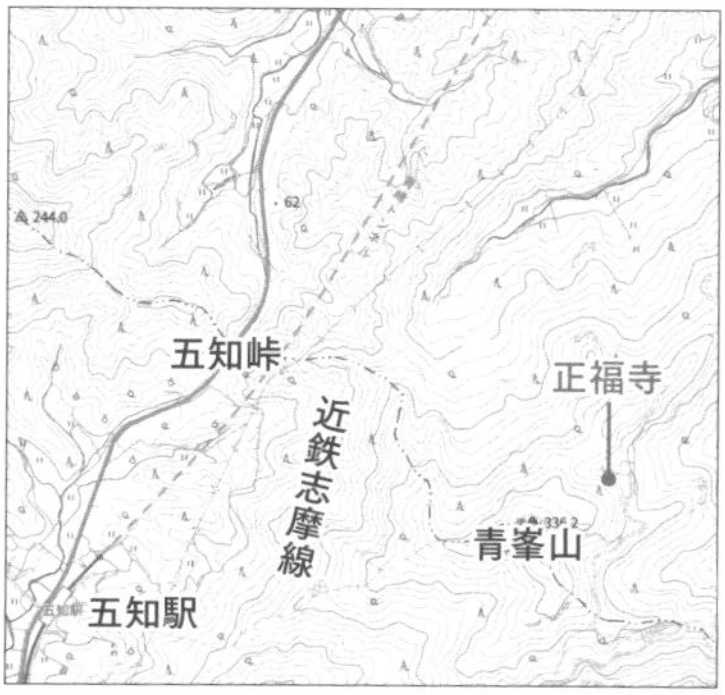

お前立ちの観音像。

観音は、生きている人々を苦しみから救ってくれるという。海から現れた本尊を納めた厨子《ずし》の両側には、毎日祈願される「日拝願主《にっぱいがんしゅ》」のお札が置かれている。願主の名前は「〇〇丸」と船名がずらり。いずれも海上安全、大漁満足と記される。

年に一度、秘仏がご開帳される旧暦1月18日の「御船祭《おふなまつり》」には、大漁旗が境内に悠々とひるがえる。山中で漁師の信仰の篤さがうかがえる祭りの光景である。山からは、広大な海が望めた。

この寺にはもう一つ、由来があった。古代、第11代垂仁《すいにん》天皇の皇女、倭姫命《やまとひめのみこと》がまずここに天照大御神《あまてらすおおみかみ》をまつったという。伊勢神宮の始まりに関わった皇女の伝承がここにもあった、と驚く。観音巡礼の古刹《こさつ》には、おそらく多くの言い伝えが刻まれていることだろう。それは人々の切なる願いが生んだものに違いない。補陀落浄土の聖地から、伊勢西国の観音巡礼は始まるのである。（取材　令和元年9月7日）

鯨の背に乗った本尊が現れたという鳥羽市相差の鯨岬に石碑も。

第一番

潮音山　太江寺

【伊勢市】

ちょうおんざん　たいこうじ

日の出の名所、二見浦の神と仏をまつる古刹。内宮の神主が寄進した千手観音

二見《ふたみ》夫婦《めおと》岩《いわ》近く、集落を抜け、坂道を上ると、朱塗《しゅぬ》りの仁《に》王門《おうもん》が迎えてくれた。音無山《おとなしやま》の中腹に建つ太江《たいこう》寺《じ》が、伊勢西国三十三所観音巡礼の第一番の寺だ。

観音巡礼は、番号順に巡ることから、古くは「順礼」と書かれた。そして三十三所は、観音が人々を救うため三十三の姿に変化することに由来する。伊勢の場合は、伊勢神宮にお参りしてから、観音巡礼を行うため、第一番は、内宮に近い寺になったと聞いていた。

太江寺の創建は1300年前、行基《ぎょうき》が奈良東大寺の大仏造立の祈願に伊勢神宮にお参りした時と伝わる。行基は諸国を巡り、寺を建て、池堤を築き、橋を架けた。仏教の布教に尽くし、「行基菩《ぼ》薩《さつ》」と称された奈

音無山の中腹に、空海筆と伝えられる朱塗りの仁王門が立つ。

6月夏至の頃には、夫婦岩の真ん中から朝日が昇る。200キロ離れた富士山が望める時も。
伊勢志摩観光コンベンション機構提供

良時代の僧だ。行基の伝説が伊勢にも残されていた。

住職の永田密山さんは「昔は観音巡礼の御朱印帳を棺桶に入れる人もいたほど」と、観音巡礼の説話を一つ教えてくれた。

江戸時代に山田奉行により建立された本堂。
鎌倉時代には内宮の荒木田神主が再建した。

本殿の隣に建つ元興玉社。
興玉神をまつると伝わる。
神仏習合の「かたち」を残す。

仏教では死後に世界があり、人々は閻魔《えんま》大王によって生前の行い次第で地獄と極楽に振り分けられると説いてきた。ある時、日ごろの行いの良くない者が、最後に善行をしようと観音巡礼をした。それが閻魔大王にわかり、地獄ではなく極楽に行くよう指示されたという。観音巡礼は現世利益だけでなく、極楽へ行けるご利益も説かれていたのだ。巡礼の証《あかし》となる御朱印帳を棺桶に入れたくもなるはずである。

ところで、この寺には鎮守社《ちんじゅしゃ》として本堂の隣に、元《もと》興玉社《おきたましゃ》という神社が建っている。

なんでも夫婦岩のある二見《ふたみ》興玉《おきたま》神社のご祭神《さいじん》は、元

【DATA】

◉三重県伊勢市二見町江 1659
◉電話＝ 0596-43-2283
◉御朱印場所＝当寺受付
◉参拝時間＝ 8 時～ 17 時
◉公式サイト＝ http://www.taikouji.com/

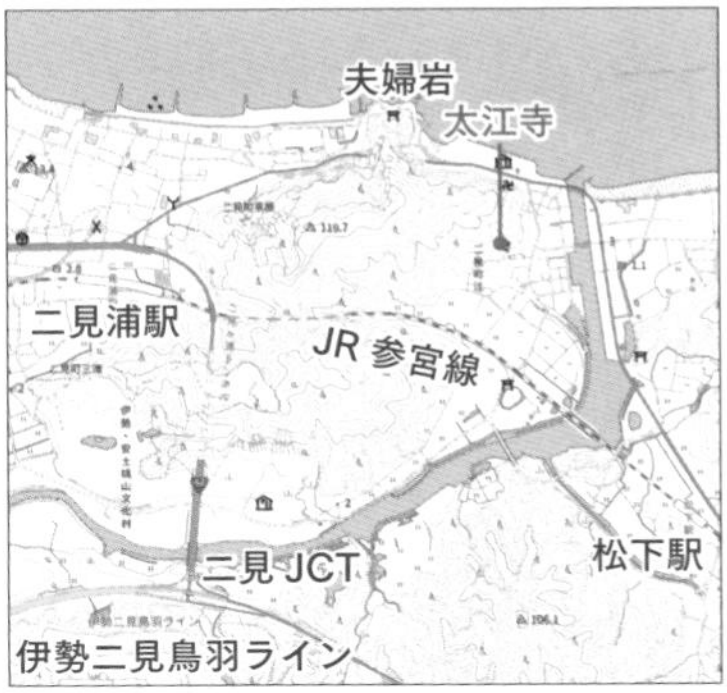

境内には藤棚も。見ごろの４月下旬から５月上旬。
伊勢志摩観光コンベンション機構提供

伊勢神宮内宮の一の禰宜、荒木田成長が寄進したと伝わる本尊の千手観音坐像。鎌倉時代作。

はここにまつられていたという。神社に由来する「興玉神」は、夫婦岩の沖合に沈む興玉神石《しんせき》に現れた神とされる。この興玉神、じつは内宮《ないくう》の奥深く正宮《しょうぐう》の北西にも、土地の古い神としてまつられている。天照大御神が五十鈴川のほとりに鎮まる以前から、興玉神はこの地域で信仰されていたと考えられるのだ。この寺が第一番に選ばれたのも、内宮創建以前の古い信仰を伝えるからであろう。

　本尊は鎌倉時代初期の千手十一面観音坐像。寺伝によれば、鎌倉時代初期に伊勢神宮内宮の一の禰宜《ねぎ》、荒《あら》木田《きだ》成長神主が諸堂を再建した際に、寄進したものとされる。江戸時代の雷火も逃れた本尊という。厨子《ずし》を特別にご開帳《かいちょう》いただくと、そのお姿に見入った。半眼《はんがん》のお顔は、厳かであるも、包み込まれるような優しさをもつ。観音さまの慈悲《じひ》が、お姿になって現れているように感じた。数多《あまた》の手には、人々を救う道具を持っておられる。蓮花《れんげ》、ホラ貝、なぜかドクロも。もっと拝んでいたい、仏前を離れがたい気持ちになった。

　ご本尊の頭部には、興玉神のご神体の観音像が納められているという。神と仏が習合《しゅうごう》した古い「かたち」を残していた。（取材　令和元年10月14日）

第二番

勝峯山　兜率院　金剛證寺

【伊勢市】

しょうほうざん　とそついん　こんごうしょうじ

〝お伊勢参らば、朝熊をかけよ、朝熊かけねば片参り〟

伊勢神宮の鬼門を守る霊山の頂に

朝日が昇る山に、人々は古くから特別な思いを抱いてきた。伊勢では、標高555メートルの朝熊山《あさまやま》だ。古くは朝熊岳《あさまたけ》と呼ばれ、山に登る「岳《たけ》参り」という風習がある。この地方では死者の霊魂はひとたび朝熊山に上がってから天に登るとされ、宗旨《しゅうし》宗派に関わらず、*卒塔婆《そとば》を建てる信仰がある。神仏をまつった神聖な山、信仰の対象となる山を霊山《れいざん》という。まさしく、朝熊山は伊勢志摩地方の霊山である。その頂にそびえるように立つ卒塔婆は、死者の霊魂が迷うことなく天に届くようにという遺族の願いが込められている。

第二番を目指し、朝熊山を登る。山頂近くの金剛證《こんごうしょう》寺《じ》は、伊勢神宮の北東にあたる鬼門《きもん》を守るとされ、伊

霊魂が昇る山として伊勢志摩地方の人々から信仰されている朝熊山。

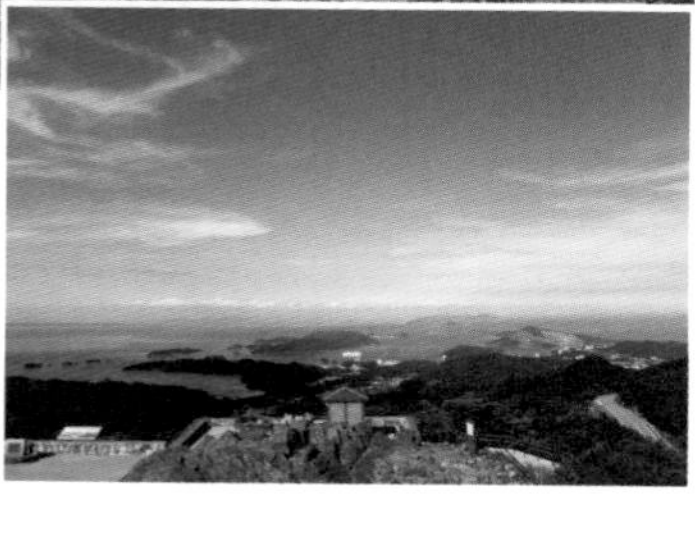

山頂からは、「海の国立公園」と称される伊勢志摩国立公園を代表する景色が一望。よく晴れた日には、富士山の姿も。
伊勢志摩観光コンベンション機構提供

勢神宮とゆかりが深い。幾度も取材してきたが、ここに観音さまがおられたとは意外であった。

山門前の説明板に『伊勢朝熊岳之絵図』を見つけた。本尊の虚空蔵菩薩《こくぞうぼさつ》をまつる本堂、開山堂《かいざん》など今も残るお堂から、少し離れたところに、観音院と観音堂が描かれていた。現在、建物はないが、卒塔婆の建つ「奥の院」の入口にあたる地だった。

江戸時代の地誌『勢陽雑記《せいようざっき》』には、五間四面（9メートル四方）の観音堂と記されており、この絵図と符合する。

奥の院の入り口に立つ「極楽門」。

本堂には秘仏の本尊、虚空蔵菩薩をまつる。伊勢神宮の式年遷宮の翌年、20年に一度ご開帳する。

寺によれば、奥の院極楽門に向かって左側、「一番地二」の一角であるという。その場所は石積みがなされ、通路より一段高い。ここが寺の跡地であったのか、往時の姿を偲んだ。

観音さまは今、本堂の内陣におまつりされている。金色の十一面観音坐像で、高さは50センチほどと小さい。こちらがかつての観音堂のものかどうかはわからないが、今なお観

【DATA】

- ●三重県伊勢市朝熊町548
- ●電話＝0596-22-1710
- ●御朱印場所＝当寺受付
- ●参拝時間＝9時～16時

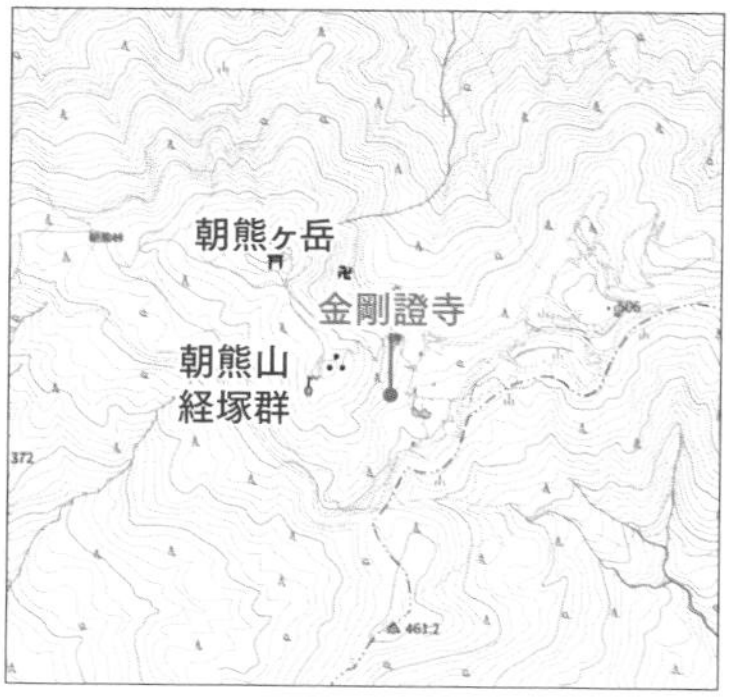

奥の院に立ち並ぶ卒塔婆群。伊勢志摩地方では、墓のほかに朝熊山に登る「岳参り」の風習が残る。

本堂内陣にておまつりされている。

音巡礼のお参りは続いている。根強い信仰に驚くばかりだ。

朝熊山は江戸時代、「お伊勢参らば朝熊《あさま》をかけよ、朝熊かけねば片参《かたまい》り」と伊勢音頭にも唄われた。お伊勢参りの人々は、内宮へお参りした後、朝熊山へ登ったのである。「内宮のご祭神・天照《あまてらす》大《おお》御《み》神《かみ》のお姿を、弘法大師が彫った雨《う》宝童子《ほうどうじ》像を拝みに来たのです」と寺の関係者はいう。天照大御神の姿を拝み、また観音さまにも手を合わせた江戸時代のお伊勢参りがありありと浮かぶ。目に見えない天照大御神の姿を雨宝童子像に見る。「ありがたや」の声が聞こえるようである。

朝熊山から望む朝日は、伊勢の海から昇る。その朝日にも人々は手を合わせたに違いない。

（取材　令和元年11月15日）

＊そとば…上部を塔形にした細長い板。板塔婆。

第三番

龍池山　松尾観音寺

【伊勢市】

りゅうちざん　まつおかんのんじ

雄雌の龍神に守られた観音をまつる、厄除けの寺。新たな龍神も現る

伊勢に龍神さまが棲むという池がある。伊勢神宮内宮から車で5分ほどの黒瀬町の二ツ《ふたつ》池《いけ》だ。向かい合う2つの池のうち東の池には雄龍、西の池には雌龍がそれぞれに棲み、池のほとりにまつられる観音さまを守っておられるという。

第三番の松尾観音寺は、龍神伝説をもつ。寺を訪ねると、木造《こつくり》隆誠住職が穏やかなお顔で迎えてくれた。この観音巡礼を今一度整え、人々に巡ってもらおうと「平成の再編」を各寺に働きかけ、尽力したお一人。霊場会の事務局長を務める信念の人である。

寺伝では今から1300年前、行基《ぎょうき》が伊勢神宮参拝後に龍神伝説の地に立ち寄り、自ら彫った「十一面観

本堂の頂にある擬宝珠には、1万巻の写経が納められている。昭和29年に屋根の大修理を行った際に見つかった。

龍神伝説が残る二ツ池

音」「毘沙門天《びしゃもんてん》」「地蔵菩薩」を安置したのが寺の始まりという。こちらも奈良時代の行基菩薩の伝説を残していた。

本尊の十一面観音坐像は12年に一度、辰《たつ》年にだけご開帳される秘仏。ふだん本尊の厨子《ずし》前にまつられる「お前立《まえだ》ち」の像とは姿が異なり、「細長いお顔に細い体躯で、皆様驚かれますが百済《くだら》観音《かんのん》のお姿をされています。そして、右の肩が少し焼けておられます」と住職。百済観音といえば法隆寺のものが知られるが、そのような古いかたちの観音像が伊勢に伝わるのだ。観音像の肩が焼けているのは、今から約６００年前の応永10年（１４０３）5月、本堂が落雷で火災に遭った際のもの。なんでも池から2体の龍が現れ、雄龍が自らの体をご本尊に巻き付け、また雌龍は池の水を炎に吹きかけ、観音さまを守ったと、『松尾観音寺縁起《えんぎ》』に記さ

本堂の内陣、秘仏を納める厨子の前に「お前立ち」が。龍の見事な彫物も。

本堂には時代を経た様々な奉納額が掲げられる。

れる。本尊以外は、すべて焼失したというが、雄雌の龍神伝説は今なお残り、信仰を根強く支えている。

３月初めの午《うま》の日には、一年の厄除祈願の参拝者で賑わうのも、火災から逃れた観音さま、助けた龍神さまへの信仰が根底にある。

この二ツ池は、数年に一度、地元の人々が池の水を抜いて、掃除をする池干《いけぼ》しが行われると聞いた。注ぎ込む川や湧き水もないのに、水は枯れたことがない。そのため、今も近郷の農業用水として大切に使われている。

松尾観音寺の住職は、毎月の末日には二ツ池に御酒、

【DATA】

◉三重県伊勢市楠部町 156-6
◉電話＝ 0596-22-2722
◉御朱印場所＝当寺受付
◉参拝時間＝ 8 時～ 17 時
◉公式サイト＝ http://matsuokannon.jugem.jp/

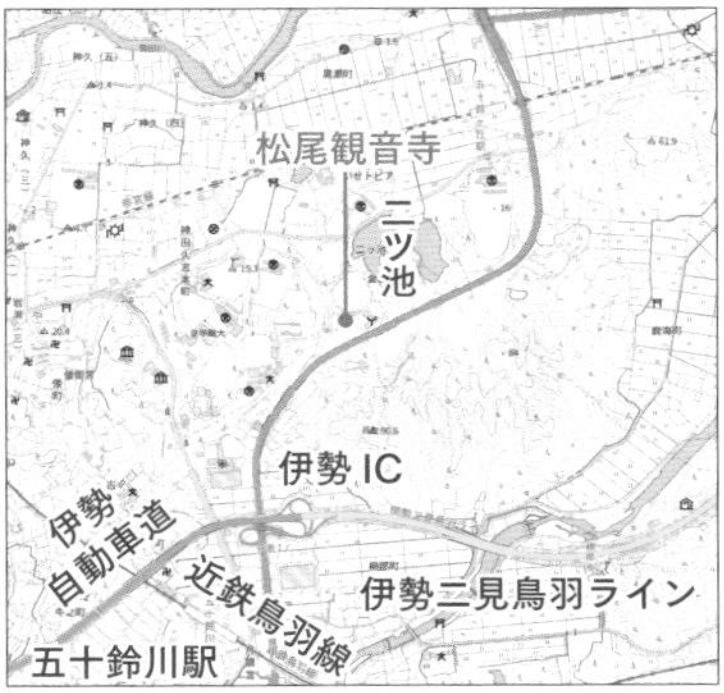

本堂の床の龍神さま。なでるとご利益があると、「なで龍」とも。

生卵、洗米《せんまい》を供え、お礼参りを行う。室町時代の火災以降、６００年続く習わしだ。信ずる人がいれば、龍神さまは生き続けるのであろう。

近年、新たな龍神がお姿を現したと話題になった。江戸時代に再建した本堂の床板にお顔が浮かびあがったのである。少し優し気なお顔。寺の守護神である龍神さまは、今や幸せを呼び込むとして、その写真は人々の携帯電話の待ち受け画面にもなっている。

（取材　令和元年12月2日）

第四番

富向山 田宮寺【玉城町】

ふうこうざん たみやじ

仲良く並ぶ二体の十一面観音像。内宮の荒木田神主が日々、経をあげた寺

観音さまが二体立ち並ぶ。美しい、けれど不思議なその「かたち」は何を語るのか。

第四番は、伊勢神宮内宮のおひざ元から、10キロほど離れた玉城《たまき》町《ちょう》へと飛ぶ。

田園地帯が広がる玉城町は、じつは伊勢神宮内宮《ないくう》とゆかりが深い。もともとは、代々、内宮神主を務めてきた荒木《あらき》田氏《だし》が居住していた地なのだ。

第四番の田宮寺は荒木田氏が経をあげ、神と仏をなぐさめる「法楽《ほうらく》」を行ったと伝わる。荒木田氏が一族の冥福《めいふく》と現世の利益とを祈願する寺、氏寺《うじでら》、私《わたくし》の寺にあたる。氏神《うじがみ》もあれば、氏寺もあったのである。神主が寺や経など、今では違和感を覚えるが、*1神仏習合《しんぶつしゅうごう》の

田園風景が広がる玉城町。字も田宮寺。

2体の本尊は2月18日の初観音と、8月9日の観音会式にご開帳する。

昔は、珍しいことではなかった。ただ伊勢神宮でもここまで神仏習合が進んでいたことに驚いた。

　本尊の十一面観音立像は、聖天堂《しょうてんどう》の分厚い扉の奥に安置されている。特別に拝観させていただく。並び立つ二体の観音さまは、ともに高さ167センチ、細身ですらりとした体躯《たいく》で、左手に蓮花《れんげ》を挿した花瓶《けびょう》を持ち、右手は印《いん》を結ぶ。鄙《ひな》にはまれな、雅やかなお姿にしばし見とれる。

毎月18日には、観音講が開かれ、地元の人々が集まる聖天堂。

明治の神仏分離で聖天堂と庫裏以外の建物が取り壊され、
今は地元20軒ほどが田宮寺奉賛会として寺を守る。

　寺伝では、「陰陽《いんよう》両体神法楽の本尊十一面観音の尊像」とある。二体あるのは、陰《いん》と陽《よう》の関係ととらえているのだ。

「真言宗《しんごんしゅう》の考えで、*2金剛界《こんごうかい》と胎蔵界《たいぞうかい》のこと。この寺は空海さまが逗留したと伝わりますから、その関係かと」

と長谷川祐宝住職。金剛界曼荼羅《まんだら》と胎蔵界曼荼羅のように、二つの世界を表すということだろうか。

　二体は双子のようだが、よく見ると顔の表情や大きさが微妙に異なることに気づく。ともに平安時代前期の作とはいえ、二体は製作時期が異なり、仏師《ぶっし》も違う。最初に出来た観音像を、後に真似て新たに造り、対の「かたち」にしたと考えられている。

　観音さまは、地元の人々によって守られてきた。明治2年（1869）、田宮寺は神仏分離令により廃寺になり、本堂をはじめ諸堂

【DATA】

◉三重県度会郡玉城町田宮寺 322
◉問い合わせ先＝ 0598-26-0369（弥勒院）
◉御朱印場所＝当寺受付
◉参拝時間＝ 8 時～ 17 時

隣接する田宮神社にある「御船殿跡」。御船殿は伊勢神宮の式年遷宮で撤下された古い御船代（ご神体を納める器）を奉安した建物。神宮とのつながりを物語る。

は軒並み取り壊され、聖天堂のみが今に残る。

本尊は、大正時代まで地元の家にひっそりと隠されていた。隠し場所は、「近づくと目がつぶれる」と家族にも秘めていたという。

今も寺に檀家《だんか》はなく、地元の田宮寺奉賛会《ほうさんかい》によって、管理されている。そのお一人が、「この観音さんを見ていると、心が安らぎます」としみじみ。

仲良く並ぶ観音の「かたち」は、今では夫婦観音ととらえられるようになっている。これも家族円満を願う、人々の思いを映すかのようだ。

（取材　令和2年1月13日）

寺に隣接する田宮寺神社

＊1…日本固有の神の信仰と、仏教信仰とが折衷し、調和すること
＊2…密教が説く両界。大日如来を知恵の方面から明らかにした金剛界、真理の方面から説いたのが胎蔵界となる

第五番

神護峯 中山寺

【伊勢市】

しんごほう　ちゅうざんじ

伊勢神宮の祭主、大中臣氏が建てた蓮台寺。その観音像を受け継ぐ

伊勢神宮の祭主《さいしゅ》（神職の長）ゆかりの観音さまがここにもおられた。

第五番は、伊勢市勢田《せた》町《ちょう》の中山寺。内宮と外宮《げくう》の中間にあたる地に、江戸時代初めに創建された。地元では、子どもの「かん虫封じ」の「けんたつさん（[*1]乾達《けんたつ》婆《は》神《じん》王）」として知られる寺で、観音巡礼とは意外かもしれない。

伊勢は明治初めの神仏分離令[*2]により、多くの寺が廃された。明治2年（1869）までに廃寺になった寺は196カ寺に上るともいわれる。その厳しい状況のなかでも存続した中山寺は、廃寺になった蓮台寺《れんだいじ》の十一面観音を迎え、まつったことから、蓮台寺の第五番を

明暦２年（1656）に落成した本堂は、本瓦葺き、寄棟造り。明治の廃仏毀釈を逃れた貴重な臨済宗寺院の建物。

江戸時代の絵師、曽我蕭白が描いた「雲竜図」が本堂の襖絵として復元された。

受け継ぎ守っている。現在の観音巡礼にはこのように、ほかの寺から観音像を引き継いだ寺も含まれる。混乱期、由緒ある観音像が一体守られたことに安堵した。

　蓮台寺は今ではすっかり伊勢特産の蓮台寺《れんだいじ》柿《がき》に名を残すが、平安時代に伊勢神宮祭主（神職の長）を代々務めた大中臣《おおなかとみ》氏が正暦年間（990〜996）に建てた格の高い寺であった。

　つまり、中国や朝鮮半島から仏教が伝わり、おこった「神《しん》*3仏習合《ぶつしゅうごう》」によって神宮祭主に建てられ、明治時代の神仏分離《ぶんり》の政策により廃寺になったといえる。今はお堂もない。

　伊勢神宮を長年取材してきた私にとって、神宮祭主ゆかりの観音像が現存するとは驚きであった。

土蔵造平屋建ての経堂。防火性の高い建物に、観音像を納める。

蓮台寺の地には柿畑が広がる。

「蓮台寺は20軒ほどの集落で守りをしていましたが、江戸時代末にはそれも難しくなり、観音像をこの寺で預かってほしいと申し出があったのです」と、中山義彦住職は廃寺になる以前から観音像が移ったと話す。以来、中山寺の経蔵《きょうぞう》内の厨子《ずし》に納められ、一般にご開帳はしない。

【DATA】

◉三重県伊勢市勢田町 411
◉電話＝ 0596-28-6709
◉御朱印場所＝当寺受付
◉参拝時間＝ 8 時～ 17 時

江戸元禄の頃に建立された山門。境内の松や杉を伐り、門の材にしたという。

ただ年に一度、1月18日前後にかつての蓮台寺地区の20軒の人々が集まり、法要を行う。その時に限り、観音像はご開帳が許される。筆者も拝見したい気持ちはあったが、ここは控えた。

明治時代に吹き荒れた神仏分離から１５０年以上を経た今、蓮台寺地区の人々はそれぞれに宗派も異なる。それでも、年末には守《も》り料（保管料）として米２斗（約20升）あまりを寺に納め、一年に一度の法要には一堂に会するという。観音さまと蓮台寺地区の人々の絆は続いていた。

ちなみに観音像を納める経蔵は、竜宮殿と呼ぶという。「竜宮とは、宝を納めた所という意味だからですよ」と住職。明治時代の神仏分離を乗り越えたこの寺には、江戸時代の漂浪の仏師、円空《えんくう》が刻んだ仏像４体も伝わる。（取材　令和2年2月14日）

＊1…釈迦八部衆の一つで仏法の守護神だが、日本では子どもを守る神とされる。
＊2…明治政府が１８６８年に神仏習合を禁止する神仏分離令を布告。神社から仏像仏具を除去し、神社所属の僧侶を還俗させた。
＊3…日本固有の神の信仰と、仏教信仰とが折衷し、調和すること

第六番

慈眼山 金胎寺

【鳥羽市】

じげんざん こんたいじ

火災の禍に遭遇、本堂の再建へ歩みを進める。地域の心の拠り所に

鳥羽《とば》市の中心部、錦通《にしきどお》りから、急な石段を登る。参道を進むと、眼下に鳥羽の町並みと鳥羽湾が広がった。第六番は、鳥羽の高台に建つ金胎寺。「こんたいじ」と読む。

境内には、あるべきものがなかった。平成7年（1995）、火災に遭遇すると本堂も本尊も灰燼《はいじん》に帰したという。今は、頑丈な礎石《そせき》が残るばかりである。これまで参ってきた観音巡礼の寺々もさまざまな困難の痕跡が刻まれていたが、この寺は今まさに災禍《さいか》に直面していた。

仮設の寺務所《じむしょ》で迎えてくれたのが住職の長谷密賢さん。先代の尼僧が高齢となり、後継者が不在のため請《こ》

境内に建つ拝仏堂は、地元の奉賛会が建て直したもの。
手前の石灯籠はかつては、本堂前にあった。

われ、平成29年（2017）に就任した。30代半ばの若い住職は、「まずは気持ち良くお参りしていただけるよう、整備を進めたい」と本堂の再建を目指す。地蔵盆や茅《ち》の輪《わ》くぐりなど、新たな行事も始めている。

火災の後、かろうじて残った堂の一つが金胎寺奉賛会によって建て直され、その拝仏堂《はいぶつどう》に今は参ることになる。そこに先代の住職が持っていた小さな千手観音像がまつられている。

寺伝では、今から1200年前、弘法大師空海が伊勢神宮に参籠《さんろう》ののち、朝熊山の金剛證寺《こんごうしょうじ》を経て、黄金の秘仏（胎内仏《たいないぶつ》）を内部に納めた1丈1尺（約3メートル）の千手観音を開眼《かいがん》したのが始まりという。文献によれば、高さ7尺1寸（約2メートル）の室町時代作の木彫とある。黄金の胎内仏を納めた観音像は焼失し、今は写真でのみ往時を偲ぶことになる。

この寺は、九鬼《くき》水軍を率いた水軍の将、九鬼嘉隆《よしたか》をはじめ、代々の鳥羽城主の祈願所であった。明治の神仏分離令*で廃寺になるも、合併などによって、今に続いてきている。

長谷住職は、「ここは、地元の方たちによって支えられているお寺です」。というのも、寺

鳥羽の高台に建つ寺からは、鳥羽の景色が一望のもと。

もともとは鳥羽城の月見櫓の下あたりにあった観音堂を、九鬼義隆が現在地に移築。九鬼氏が朝鮮出兵する際にも武運長久・渡海安全を祈願したという。城跡は城山公園に整備され、市民の憩いの場となっている。
伊勢志摩観光コンベンション機構提供

【DATA】

◉三重県鳥羽市鳥羽 3-24-1
◉電話＝ 0599-26-3058
◉御朱印場所＝当寺受付
◉参拝時間＝ 8 時～ 17 時
◉公式サイト＝ http://toba-kontaiji.com/

寺には信者から寄進された不動明王像、聖観音立像、役行者像が。

を支える信者である檀家《だんか》はないが、8月の盆になると地元の中ノ《なかの》郷《ごう》地区で新盆を迎える家々が公民館に集まり、金胎寺住職の供養を受けるのが習わしという。各家の宗派を超えた、地区の風習が守られていた。

境内の高みに、「新四国八十八カ所」霊場《れいじょう》の石仏がまつられる。これは江戸時代末期、四国の船頭たちによって設けられたという。一つの祠《ほこら》に弘法大師《こうぼうだいし》像と霊場の石仏が置かれ、それが八十八カ所ある。これも一カ所ずつ奉賛会の人々が担当し、日々守る仕組みをとっており、香華が絶えることはない。寺近く住む女性が、「彼《ひ》岸《がん》では先祖のお墓と守りをする八十八カ所にお花を供えるのですよ」と教えてくれた。

心の拠り所は、自らで、地域で守る。寺の再建への道のりは長いが、すでに歩み始めていた。

（取材　令和2年3月10日）

＊明治政府が1868年に神仏習合を禁止する神仏分離令を布告。神社から仏像仏具を除去し、神社所属の僧侶を還俗させた。

第七番 佛性山 宝林寺【伊勢市】

ぶっしょうざん ほうりんじ

伊勢神宮別宮・月夜見宮の別当寺の観音。眼病に効く「小林観音」に

時も時なら、あの大岡裁《おおおかさば》きが見られたのかもしれない。江戸時代、名奉行で知られた大岡忠相《ただすけ》も赴任した山田奉行所が置かれていた伊勢市御《み》薗町《そのちょう》の小《お》林《はやし》。山田奉行所とは、江戸幕府が、伊勢神宮の警護や式年遷宮《しきねんせんぐう》を司り、港の警備などにあたった遠国奉行所《おんごくぶぎょうしょ》の一つ。第七番は、宮川が伊勢湾に注ぐ河口、かつて山田奉行所が置かれた小林の集落の中に溶け込むように建つ宝林寺だ。

観音巡礼の寺々は、宗派《しゅうは》が統一されておらず、宗派によっては本堂の建築も異なる。それがまたこの巡礼旅の魅力でもある。

本堂に上がり、本尊を拝む。本堂中央の厨子《ずし》に、宝

その昔、あの大岡忠相も奉行として赴任した山田奉行所跡。

宮川河口の右岸、御薗町小林の集落に建つ。

創建400年の歴史をもつ寺は、さまざまな寺の信仰も受け継ぐ。

林寺の本尊の阿弥陀《あみだ》如来《にょらい》像を、その向かって右隣に、大正時代に合併した清林寺《せいりんじ》の本尊の阿弥陀如来像をまつる。

そして、観音巡礼の本尊は、さらに壁をへだてた右側にまつられていた。いくつもの寺の仏像を受け継いでいることがわかる。

秘仏、十一面観音立像は、荘厳な厨子の中に安置されている。その由来は、もともとは伊勢神宮の別宮《べつぐう》、月夜見宮《つきよみのみや》に隣接した実性寺《じっしょうじ》のものと聞いて、驚いた。伊勢神宮内宮・外宮の大神宮寺の存在は知っていたが、別宮にも別宮を守る宮寺《みやでら》があったのだ。感慨深く、しばし厨子を見つめた。

明治の神仏分離令*1で、実性寺は廃寺となり、本尊は小林にある清林寺へ移された。そして大正時代、清林寺は宝林寺と合併され、それぞれの本尊である二体の阿弥陀如来像をまつり、さらに実性寺の十一面観音立像もまつられるようになったという。江戸時代初めに

観音巡礼の御詠歌が記された珍しい奉納額。

創建された宝林寺は、各寺の信仰を受け継いで、今に伝えている。

　神仏分離令の以前は、神社に所属する寺があり、僧侶もいた。実性寺が観音巡礼第七番であったため、今は宝林寺が第七番を引き継ぐ。本堂には「伊勢順礼第七番札所」と金字で記された大きな扁額《へんがく》が掛けられている。縦は1メートルを超え、十一面観音像の彫刻も浮き立つように施された立派さ。こうした扁額はほかの寺には見当たらず、実性寺の信者からの奉納ではないかと考えられている。そこには*2御詠歌《ごえいか》も記されてあった。「月よみの森の下なる寺見れば　花ふりかかる春のあけぼの」

寺では、8月15日には手筒花火や鞨鼓踊りで先祖供養を行う。

　時は春の朝、桜の散る月夜見宮の森で、観音さまに手を合わせた、往時ののどかな観音巡礼がうかがえた。

　今は、所を変え、眼病に効く「小林の観音さん」と呼び親しまれるようになっている。秘仏の十一面観音は、年に一度、11月20日の「お十夜《じゅうや》法要」にご開帳されるのが習わしだ。

（取材　令和2年4月12日）

＊1…明治政府が1868年に神仏習合を禁止する神仏分離令を布告。神社から仏像仏具を除去し、神社所属の僧侶を還俗させた。
＊2…巡礼または仏教信者などがうたう。和歌・和讃にふしをつけたもの。

【DATA】
- ◉三重県伊勢市御薗町小林361
- ◉電話＝0596-36-1812
- ◉御朱印場所＝当寺受付
- ◉参拝時間＝8時～17時

第八番

岡寺山 継松寺

【松阪市】

おかでらさん けいしょうじ

厄除けの「岡寺観音」は如意輪観音。幾度もの火災を逃れ330年の本堂

伊勢西国観音巡礼は、伊勢を離れ、松阪《まつさか》へ。松阪は江戸時代、城主・蒲生氏郷《がもううじさと》が作った都市計画「町割《まちわ》り」が今も残っているところだ。城を中心に武家の町、町人の町、そして寺町がある。城跡に天守閣こそないが、城下町の風情を色濃く残すのは、この町割りのおかげだろうと思う。

第八番、継松寺は旧伊勢街道から一筋入った通りに面して建つ。

瓦屋根の立派な山門が目を引く。扉が開け放たれた山門から、正面に本堂を望む景色がなんともすばらしい。街道を行き来するお伊勢参りの旅人も思わず立ち止まったことだろう。

「岡寺山」と記された立派な山門から、本堂を望む。

かつて、この寺は飯高郡石津《いしづ》郷という、現在地から2キロほど離れた海岸線に近い地区にあったと伝わる。蒲生氏郷が松坂城を築いた際、街道を海辺から現在の位置に移し、これに伴って、寺も現在地に移転した。厄除《やくよ》け観音と近在に知られ、3月の初午大祭《はつうまたいさい》は大勢の参拝者で賑わう。

松阪駅から徒歩5分ほど、職人町通りに面して建つ本堂。

　筆者も19の厄のときに、ここ「岡寺さん」に参った。寺号《じごう》よりも山号《さんごう》の「岡寺」の方が、よく知られている。「もともとは思寺《しじ》山という山号でしたが、寺に様々に寄進してくれた信者の岡山さんの名を採って岡寺山になりました」と柏木文雄住職が教えてくれた。「岡寺さん」と親しく呼んでいたが、そんな由来があったとは初耳だった。

聖武天皇の命を受けた行基菩薩が伊勢神宮に参拝したのちに建てたと伝わる。本堂内陣にはさまざまな仏像が安置される。

　そして寺号は、再建の際に名づけられた。寺伝では、750年の大洪水の後、海中より本尊を拾い上げた伊勢二見《ふたみ》浦《うら》の漁師が、弁財天《べんざいてん》のお

【DATA】

◉三重県松阪市中町 1952
◉電話＝ 0598-21-0965
◉御朱印場所＝当寺受付
◉参拝時間＝ 8 時～ 17 時
◉公式サイト＝ http://www.okadera.com/

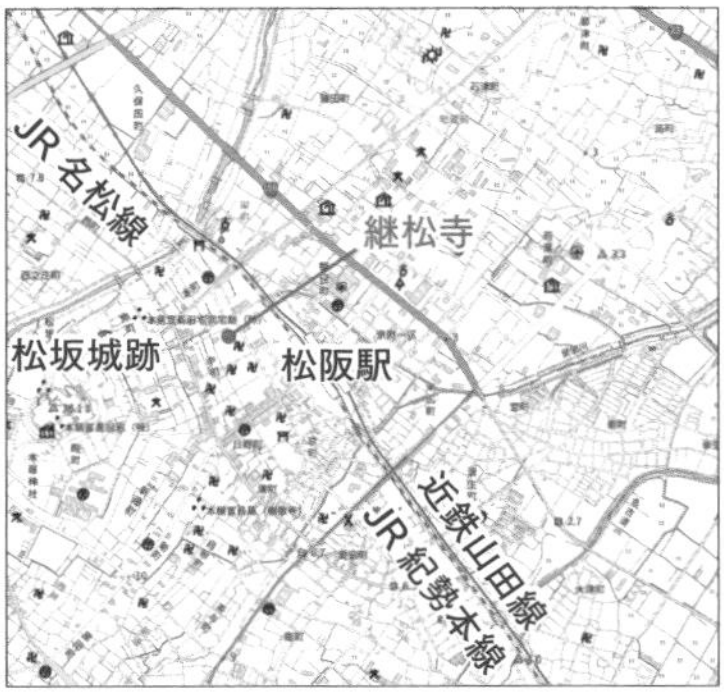

本尊の如意輪観音。如意は如意宝珠、輪とは法輪（仏教の教え）の意味があり、人々の願いを成就させてくれるという。

告げにより出家し、継松法師という僧侶となり寺を再建したという。松阪の岡寺さんの本尊は、じつは伊勢の海から拾い上げられた由来があった。寺号はこの僧の名にちなみ継松寺となった。山号も寺号も寺に貢献した人物の名を残していた。

本堂で、本尊を拝む。観音巡礼の寺は秘仏が多いが、こちらの如意《にょい》輪《りん》観音はつねに拝むことができる。しかし、かつては初午大祭の時にご開帳していたためか、今も「閉帳《へいちょう》式」が形として残っているという。習慣というのは、根強い。

それにしても、本尊以外にも薬師《やくし》如来《にょらい》、大日《だいにち》如来、様々な仏像や厨子が本堂に安置されている。廃寺になったほかの寺から移されたというが、なかにはどこから来たのかすでにわからない仏像もあるという。

この寺は戦火や昭和26年の松阪大火にも被災せず、この地に移った330年前の本堂が今に残る。家々が立ち並ぶ街中の寺としては珍しいことだ。平成9年（1997）の解体大修理の際には、創建時の棟札《むなふだ》や、上棟式《じょうとうしき》に使われた矢などが見つかった。この地域の歴史が何層にも積み重ねられている、そんな寺である。（取材　令和2年5月25日）

元九番

涌福智山 國東寺 【度会町】

ゆうふくちざん くづかじ

天照大御神の胞衣を埋めたという国東山の信仰。ふもとに下り、里人とともに

伊勢市郊外、玉城町《たまきちょう》と度会町《わたらいちょう》の境にそびえる標高414メートルの国東山には、不思議な伝承がある。

伊勢神宮内宮の祭神、天照大御神《あまてらすおおみかみ》と、その弟の素戔嗚《すさのお》尊《みこと》の胞衣《えな》が山頂に納められたという。胞衣は胎児《たいじ》を包んでいた膜と胎盤のことで、出産後に妊婦の体外に出されると、かつては油紙や壺に入れて、土中に埋められた。人間ではなく、尊い神さまの胞衣とはいささか驚くが、国東山の頂にあった元九番の國東寺はこの信仰と結びついていた。

「えな（胞衣）がなまって、やな（夜奈）に、夜奈塚と呼ばれ、塚の砂をいただくと子供のおねしょ封じになると、お守りになっています」と、土面《とのも》信順住職が

度会町平生ののどかな里にある本堂。

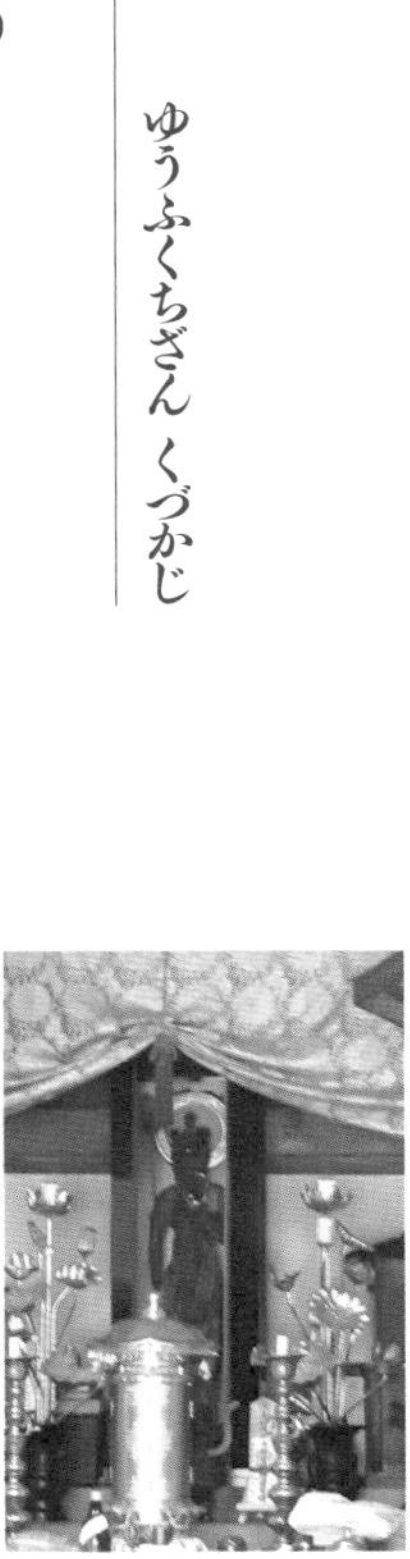

本堂には大阪の四天王寺から譲られた十一面観音像をまつる。

教えてくれた。乳幼児の健康にご利益があると、この塚の砂は夜尿症のお守りとして今も信仰されているという。今も山頂には、胞衣を埋めた夜奈塚は残るが、昭和27年（1952）頃に寺は規模を縮小して、ふもとに下りた。GHQの指令で太平洋戦後の民主化の一環として行われた農地改革で寺領《じりょう》（寺が所有する領地）が没取され、山頂での寺院維持がどうにも難しくなったためである。戦後の農地改革は地主だけでなく、寺の経済をも直撃していたのだ。

　寺に残る江戸時代後期の絵図《えず》を見せてもらう。紀州徳川藩によって建立された本堂など瓦屋根の堂々たる建物が建ち並ぶ。そこに菅笠をかぶった旅人の姿も描かれている。観音巡礼の人かもしれない。

　先の大戦で、寺が失ったものは寺領だけではなかった。空襲で焼失した大阪四天王寺《してんのうじ》へ本尊、観音堂、聖《しょう》天堂《てんどう》が移築され、そのほかの堂が現在の境内に移された経緯がある。そして現在、國東寺に安置される十一面観音立像は大阪四天王寺から代わりに譲られたものだ。戦後の混乱期、寺を取り巻く状況に心が痛んだ。

　寺伝では今から1400年前、聖徳太子が天照大御神からお告げを受け、山頂に十一面観音像を安置したのが始まりという。以来、長い歴史の中で本尊も大規模な伽藍《がらん》も失いながらも、今はふもとの里人とともにある。本堂の天井には、里人が描いた絵がずらりと飾ってあった。花や動物のほか、子どもが描いたドラえもん、歌手の山口百恵の顔の絵もあり、ほほえまし

本堂の天井に描かれた絵は、里人たちの手によるもの。

い。山を下りたことで、住職も家族とともに暮らせるようになった。

寺の鐘は江戸時代の製作で、山上から移したものという。許可を得てつかせてもらうと、心地よい音が響いた。説明板には鐘の音の「黄鐘調《おうしきちょう》」とある。西洋音楽の音階でいえば「ラ」音にあたる。里をわたる風にのって江戸時代のラの音色が響きわたっていた。

（取材　令和2年6月25日）

【DATA】

◉三重県度会郡度会町平生 1481
◉電話＝ 0596-62-1018
◉御朱印場所＝当寺受付
◉参拝時間＝ 8 時～ 16 時
◉公式サイト＝ https://kuzukaji.com/

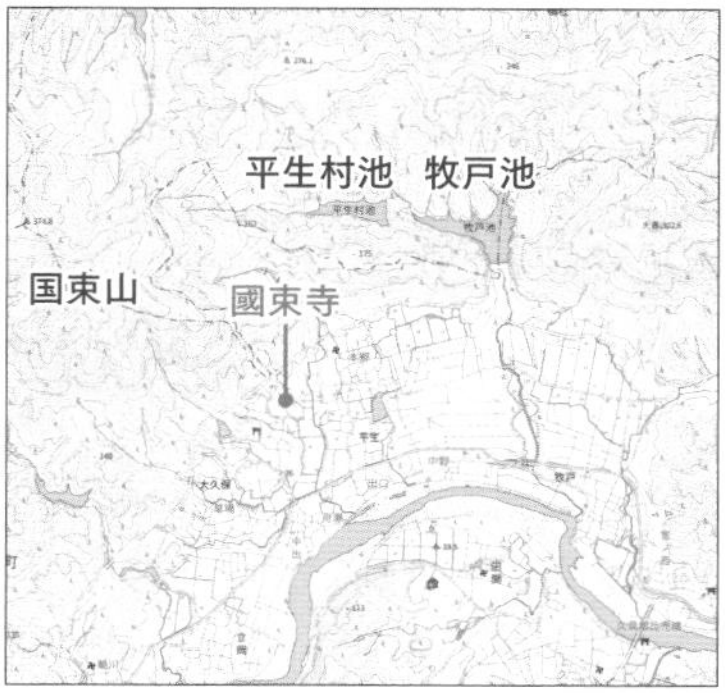

明治時代の廃仏毀釈や昭和時代の農地改革の影響を受けた寺。

寺に残る江戸時代の絵図には、梵鐘も描かれている。今も山上から移した梵鐘が、かつての音色を響かせる。

第九番

無量山 千福寺【大台町】

むりょうざん　せんぷくじ

西国巡礼の満願を手引きする「手引観音」。願掛けの祈りは今も続く

手を引いて導いてくれることや人を「手引《てびき》」と呼ぶ。人ひとり生きていると、良い時ばかりではない。困っている時の手引は、ありがたいものだ。伊勢西国観音巡礼には「手引観音」と呼ばれる観音さまがおられる。第九番、千福寺である。

千福寺は伊勢と熊野を結ぶ熊野古道沿い、大台町《おおだいちょう》柳原に建つ。地名の柳原から、「やないばら観音」と親しく呼ばれている。「手引観音」の名は、寺伝では平安時代後期、近畿一円を巡る西国三十三所観音巡礼の再興の際に、花山《かざん》法皇が「当山（この寺）へ参詣の人々は手引して護《まも》り、厄難を救い、願望成就《じょうじゅ》のご利益を与えよう」と誓ったことに由来するという。もともとは西国三十三所の巡礼者の満願《まんがん》（祈願の期間）を手引する観音だったのだ。

その誓いは「願掛《がんか》け」として、今も続いていた。本尊の十一面観音立像をまつる本堂には、おびただしい

熊野へ向かう旧街道の道筋に。西国三十三所観音巡礼の「手引観音」。

数の写真や千羽鶴が奉納されていた。赤ちゃんの写真が多いのは、安産祈願のためという。老若男女の古い写真は、病気平癒《へいゆ》か、厄除《やくよ》けだろうか、写真の数だけ、人々の「願掛け」がある。

本堂の厨子《ずし》に安置された本尊の十一面観音は、左手に蓮《はす》を挿した水瓶《すいびょう》、右手に錫杖《しゃくじょう》を持っておられる。聖徳太子が神勅《しんちょく》を受け、高さ5尺（約150センチ）の像を一刀三礼《いっとうさんれい》（一刀を入れるごとに三度礼拝すること）で彫刻したと伝える。毎月18日の縁日にご開帳され、

中世には、伊勢国司・北畠氏の祈願所となり、
織田信長の兵火で焼失した本堂。

境内には、「いざりさん」の
小さな祠が残る。

「やないばらの観音さん」と親しまれる
願掛けの寺。

大勢の参拝がある。

本堂横の小さな祠《ほこら》は、「いざりさん」と呼ばれる。江戸時代の小車《こぐるま》（車椅子ようなもの）が納められているという。小車に乗って巡礼をしていた人が、すっかり身体が回復したため乗ってきた木造の小車を納め、歩いて帰ったという逸話が残る。「願掛け」が叶った喜びが伝わってくるようだ。

境内に建つ書院《しょいん》へ案内してもらう。思わず息をのんだ。畳六十枚ほどが敷き詰められた大座敷の向こうに、緑の山々の間を縫って流れる宮川が望める。伊勢西国観音巡礼では珍しく川沿いにこの寺はあったのだ。寺の僧侶、岡本さんは毎朝、ここで太陽を望むのが気持ちいいと話してくれた。宮川に船の渡《わた》し（渡船）があった時代は、船でのお参りも行われていたという。

そして、こぶし大の那智《なち》黒《ぐろ》石を見せてもらった。身体の痛いところをこの石でなでると効くという。さっそく昨年来痛めている右肩を石でさすった。なんと気持ちのよいことだろう。人々に悩みや苦しみがある限り、「願掛け」が途絶えることはないとしみじみ思った。（取材　令和2年8月7日）

【DATA】

◉三重県多気郡大台町柳原 201
◉電話＝ 0598-85-0077
◉御朱印場所＝当寺受付
◉参拝時間＝ 9 時～ 16 時

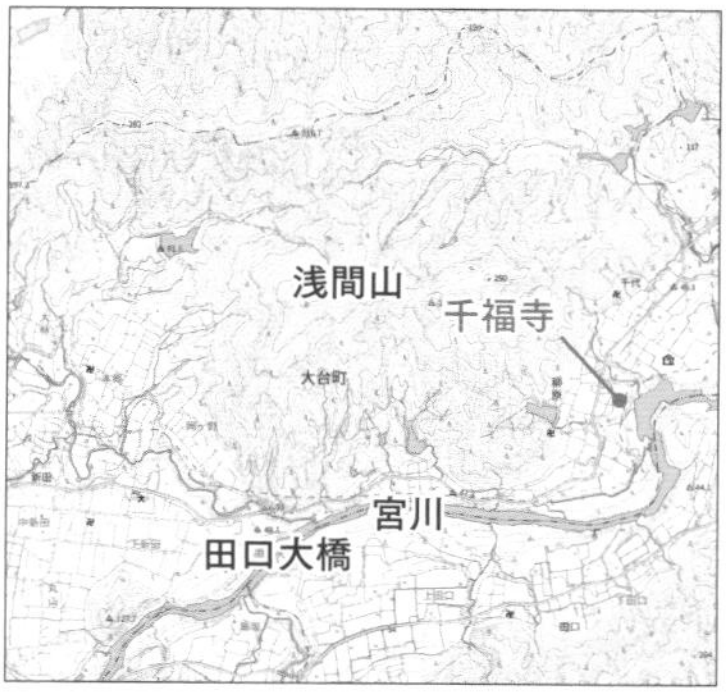

境内から望む宮川の雄大な流れ。
かつては船で渡って参拝した。

なで石

第十番

摩尼山　金剛座寺

【多気町】

まにさん　こんごうざじ

四国から渡ってきた美しい如意輪観音。女性の病気や子授かりにご利益

なんと、美しいことか。お堂の厨子《ずし》からのぞく、観音さまのお顔に惹かれた。第十番の金剛座寺にまつられる如意輪《にょいりん》観音である。鼻筋の通ったお顔立ち、少し身体を傾げ、立て膝に頬杖をつくお姿は艶っぽくさえある。この美しさである、女性の病気や子授かりにご利益ありと、観音さまを安置する本堂の真下の「お砂」をお守りとして女性たちが身につけた。今も残る本堂下の凹みは、女性たちの願いの深さでもある。聞けば、この観音さま、弘法大師（空海）ゆかりの四国八十八所巡礼の第八十六番の志度寺《しどじ》（香川県）から海を渡って来られたという。どんなご縁なのだろう。

金剛座寺は多気《たき》郡多気町神坂《こうざか》の金剛山上に建つ。低

金剛山からは、すばらしい眺望が広がる。東には伊勢神宮の杜が望める。

い山ながら、頂からは、元《もと》九番の國東寺《くづかじ》があった国東山を眼前に、その後方に、内宮近くの朝熊《あさま》山《やま》までが望める。

この寺は7世紀に穴師《あなし》寺として建立され、平安時代後期に金剛座寺と改名。「金剛」とは密教で最高という意味を持ち、寺の格の高さがうかがえる。しかし、戦国時代の兵火などでお堂も古文書も灰燼《かいじん》に帰《き》した。そして、現在の本堂が再興されたのが江戸時代初め、國東寺（元九番）の僧侶によってであった。

万治元年（1658）の建立の本堂は、多気町最古の建築物だ。

観音の厨子前を珍しい形をした燈篭《とうろう》が灯していた。「奉造立両大神宮影向所唐銅燈篭二器」とある。「大神宮」の文字、いったい、どこのものなのか。江戸時代の『伊勢参宮名所図会』に、「高日山法楽寺《ほうらくじ》といふ、間《あい》の山より北にあり。当所第三の大寺」と描かれた常《じょう》明寺《みょうじ》（現在の伊勢市倭町）の名が記されている。常明寺は江戸時代中頃には大きな寺であったが、明治時代に廃寺となった。その寺の燈篭がここに移され、今も灯されていたとは感慨深かった。

寺伝では、7世紀、藤原鎌足や不比等が創建した説がある。

【DATA】

◉三重県多気郡多気町大字神坂 169
◉電話＝ 0598-37-2873
◉御朱印場所＝当寺受付
◉参拝時間＝ 8 時～ 17 時
◉公式サイト＝ http://www.renge.net/

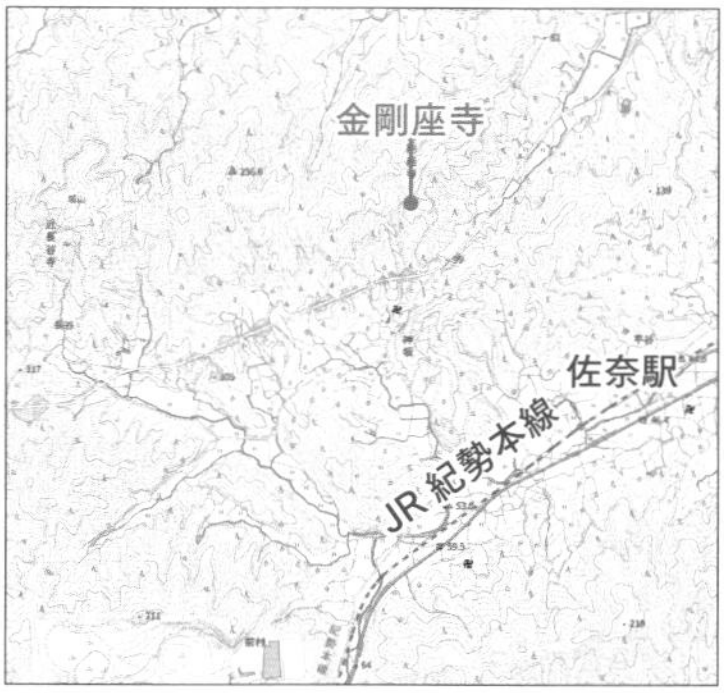

境内には本堂、鐘楼堂、庫裏が建つ。

金剛座寺は先代が亡くなってから住職が不在となり、そこに檀家《だんか》であった染川智勇さんが後を継いだ。檀家も少ない、山上の古い寺を維持するのは難しい。訪れた時も台風によって壊れた本堂の屋根を自ら修理されていた。そして、境内に工房を建て、天然酵《こう》母《ぼ》のパンを作り始めている。庫裏《くり》にも囲炉裏《いろり》を設け、人々が集えるように整え、落語会なども開かれるようになっている。

最後に御朱印をいただくと、住職が筆を持って手際よく観音さまの仏画を描いてくれた。にこやかな表情の観音さまだ。「ニコニコが一番、怒らないことですよ」と染川住職。令和の改元を記念して描いた仏画の御朱印が人気となり、全国からの依頼が絶えない。そういえば本尊の観音さまも艶やかな笑みを浮かべておられるよう。笑みは時代を超えて、人々を引寄せる。

（取材　令和2年9月7日）

庫裏では落語会が開催されることも。

丹生山 近長谷寺 【多気町】

にうざん きんちょうこくじ

ふもとの12軒の里人が守る
観音巡礼の最も大きな観音さま

大きな観音さまはなぜ造られたのだろうか。

伊勢西国三十三所観音巡礼のうち、最も大きな観音さまは、第十一番の近長谷寺の十一面観音立像6・6メートル。平安時代後期の作とされる。

近長谷寺は、多気町《たきちょう》長谷《はせ》地区の標高291メートルの城山《しろやま》山頂近く、885年建立と伝わる。寺の近くまで車で行けるが、それでも駐車場から急な参道を5分ほど、杖をついて自分の足で登らなければならない。

参道は、ふもとの長谷地区12軒の人々による清掃でいつも整えられている。日曜と十八日にはそのうちの2軒ずつが当番を預かり、観音さまをご開帳している。

住職がいつもいない寺は、12軒の小さな集落が守って

元禄7年（1694）に再建された本堂。ふもとの長谷地区の12軒が守りをする。

いた。その信心深さに頭の下がる思いがする。

本堂は江戸時代の元禄7年（1694）に再建された。この頃に、寺の名も光明寺《こうみょうじ》から近長谷寺と改称されるが、伊勢神宮に近いということで「近」を加えたという。お伊勢参りの高まりがうかがえる。

本堂に入り、観音さまを拝む。やはり大きい。仰ぎ見るお顔は厳しく、堂々とした体躯《たいく》からは重々しい力強さが伝わってくる。この観音さまは大きさだけでなく、お姿も異なる。長い右手には念珠《ねんじゅ》を持ち、本来はお地蔵さまの持ち物とされる錫杖《しゃくじょう》（頭部に数個の鐶を掛けた杖）を添えている。奈良県桜井にある長谷寺《はせでら》と同じ形で、「長谷寺式観音」と呼ばれる。奈良の長谷寺の

巨大な観音像は人々の大きな願いが造り出したものだろうか。

【DATA】

◉三重県多気郡多気町長谷 201
◉電話＝ 0598-49-3001（お問合せ先 神宮寺）
◉御朱印場所＝神宮寺受付
◉参拝時間＝ 8 時～ 17 時
本尊特別拝観は日曜日と 18 日のみ。
拝観料が必要です。

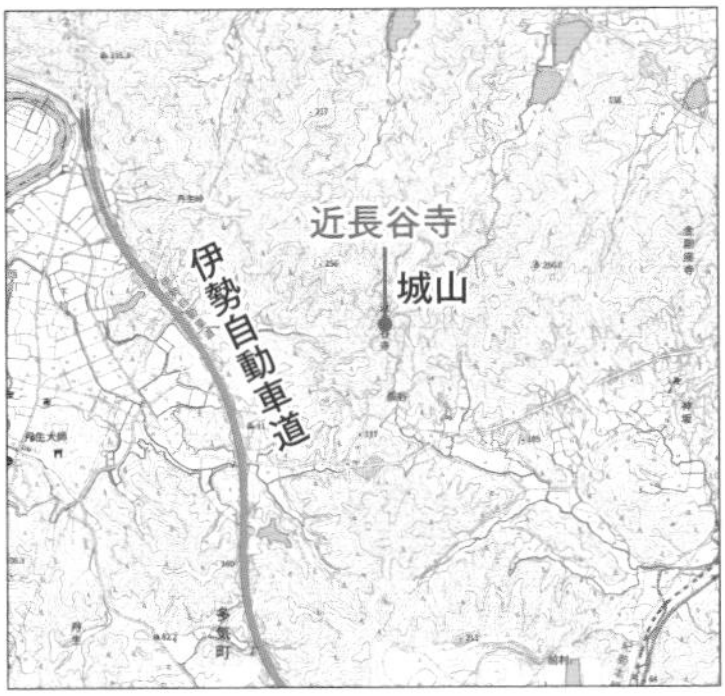

山頂に近い境内へは、駐車場から急坂を5～10分歩く。

観音立像11メートルには及ばないが、この山寺になぜ、これほど大きな観音さまがおられるのか。

「建立した地域の豪族の飯高氏《いいだかし》は、丹生《にう》の水銀《すいぎん》で富を築いたとされます」と、同寺を兼務する近くの神宮寺の岡本祐真副住職が教えてくれた。奈良東大寺の大仏造立の際にも使われたという丹生の水銀。丹生は長谷に隣接する地区である。なるほど水銀の富が、巨像の造立を支えていたのだ。

特別に観音さまの足元を拝見させていただいた。巨像を持ちこたえる足は、しっかりと地を踏んでおられた。80センチはあるだろう、大きい。足指には爪も彫られている。ふと、足裏と台座の間にはさみ込まれている十円玉に気づいた。いつ、誰がはさんだのだろうか。人間の業の深さがうかがえた。

人々の願いを受けとめて、観音さまは千年以上立っておられる。

近年、この地域で土砂崩れが起こった。その際、長谷地区はすんでのところで免れ、誰一人被害にあうことはなかった。これこそ、観音さまが里を守ってくださったと思わずにはいられなかった。

（取材　令和2年10月2日）

第十二番

丹生山 神宮寺

【多気町】

にうざん じんぐうじ

「丹生のお大師さん」の始まりは宮寺。神仏習合のかたちを色濃く残す

「丹生《にう》のお大師《だいし》さん」と知られる多気町《たきちょう》丹生の丹生大師。ここが、第十二番と聞いて、観音さまがおられたのかと驚いた。しかし、創建774年という寺の歴史をひもとくと、お大師さんではなく、丹生神社の宮寺《みやでら》、神宮寺《じんぐうじ》として建立されたのが始まりであった。

神宮寺というのは、古くは神社を守るために境内などに建てられた寺のこと。今でこそ、寺と神社は分けて建てられるが、明治以前は神社と寺は混在していた。伊勢神宮にも伊勢大神宮寺という寺があったほどだ。

丹生の里を訪ねると、修復を終えた仁王門《におうもん》に迎えられた。堂々たる風格だ。両側に立つ「あ」「うん」の形相の仁王さまもベンガラ色が鮮やかだ。弘法大師《こうぼうだいし》が

修復を終えた仁王門は、堂々とした姿。

弘法大師が姿を映したという池は、夏、蓮の花が美しい。

お姿を映したという姿見《すがたみ》の池、客殿、護摩《ごま》堂、薬師堂、そして、こちらも再建された石段脇の回廊《かいろう》。真新しい回廊付の石段上には大師堂が建つ。そこには大師42歳の姿を自ら刻んだという弘法大師像を安置する。

　これほどの伽藍《がらん》を構える寺が整備されたのは、飛鳥時代から水銀《すいぎん》の産地として知られ、江戸時代まで隆盛が続いた丹生の里だからであろう。かつては「丹生千軒」と呼ばれるほどの賑わいを見せたという。

　今回は大師堂ではなく、本堂に参らせていただく。まだ間新しい千羽鶴が納められている。聞けば、新型コロナ感染が拡大されてからのものという。収束を願ってのことか、千羽鶴へ込めた祈りを思う。

　内陣《ないじん》に入らせていただくと、厨子《ずし》前に「お前立《まえだ》ち」

774年、弘法大師の師である勤操大徳により開山された。その後、弘法大師が来られ、諸堂を建立した。

本堂に納められた千羽鶴。人々の願いが込められた手折りの鶴。

【DATA】

◉三重県多気郡多気町丹生 3997
◉電話＝ 0598-49-3001
◉御朱印場所＝当寺受付
◉参拝時間＝ 8 時～ 17 時

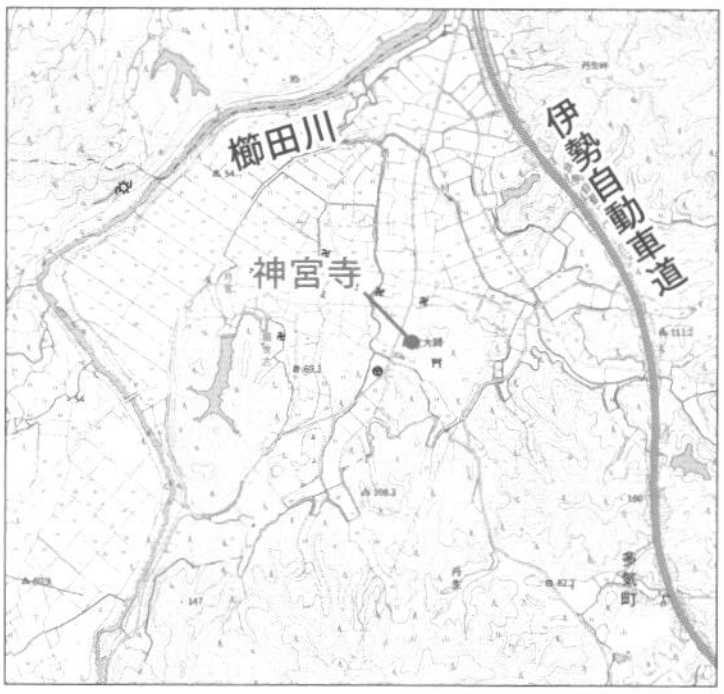

伊勢西国の観音像を安置する本堂。寺では写経会やヨガも開く。

本堂には、秘仏の十一面観音像をまつる。

の十一面観音像のお姿があった。さらに特別に秘仏の本尊を拝ませていただくと、お前立ちと同じ十一面観音立像ながら、いっそう細身で、たおやかな印象を受ける観音さまがおられた。こちらが、寺の始まりであった丹生神社の宮寺としての本尊にあたるのだ。

　本堂のすぐ隣には鳥居が立ち、丹生神社の社殿があった。社殿は伊勢神宮の式年遷宮《しきねんせんぐう》の際に古い社殿を譲り受けたもので、堂々たる風格が漂う。このように寺と神社が並び建つ様を拝見すると、日本古来の神と仏教が融合調和した「神仏習合《しゅうごう》」という信仰をまざまざと感じた。

「ここでは人生の節目の厄年《やくどし》には、お寺には厄除けに、神社には厄祝いにお参りに来られるのですよ」と岡本祐真副住職は地元の風習を教えてくれた。

　厄年は寺と神社にていねいに参る里人たち。神社と寺が並び建つ丹生の里には、神も仏もの信仰が今なお根づいていた。

（取材　令和2年10月2日）

コラム

観音さま三十三変化

伊勢西国三十三所観音巡礼で、じつにさまざまな観音さまを拝した。

観音は慈悲《じひ》の仏といわれ、人々の救いの声（音）を観じると、ただちに救済の手を差し伸べるという。そのため三十三もの姿に変わり、苦悩する人々を救うと伝えられ、巡礼の寺も三十三所と定められた。なるほど、三十三所は、観音のさまざまな救いの姿だったのかと得心した。

基本の形は、「聖《しょう》（正）観音」。観音像は初め、一つの顔と2本の手という一面二臂《いちめんにひ》のシンプルな姿で、手にはあらゆる穢れを清める水が入っている水瓶や、清い心を表す蓮《れん》華《げ》（ハスの花）を持つ。観音信仰が盛んになると多面多臂《ためんたひ》といって顔や腕を多く持つ変化《へんげ》観音像が多く製作されるようになり、それと区別するため、正観音と呼ばれるようになった。伊勢西国の本尊には4ケ寺ある。

伊勢西国で19ケ寺と、最も多かったのが、変化観音の十一面観音である。観音像の頭上に十一面の顔を持つ。慈悲の顔、笑った顔、怒った顔とさまざまな表情だ。琵琶湖周辺に多いというが、水と関わりの深い像なのかもしれない。

そして、数多の手を持つのが千手《せんじゅ》観音だ。たくさんの人々を救うために千の手を持ち、教えを導くために手のひらに眼を持つ。ただ千手とはいうが、実際には合掌の手を除き、40手が多い。手には持物《じもつ》を携え、法力《ほうりき》を増す。例えば、ほら貝は天神や善神を呼び寄せ、宝剣は迷いを断ち切るのだとか。伊勢西国では9ケ寺、さらに十一面千手観音は2ケ寺を数える。

少数派の変化観音も。まず、2ケ寺にある如意輪《にょいりん》観音。名のごとく、仏具の宝珠《ほうじゅ》と法輪《ほうりん》（仏教の教え）を持つ。6本の腕のうち、1本を頬に添えて、考える思惟《しい》の姿。片膝を立てた坐像は、なんともアンニュイな雰囲気があり、私はとても惹かれる。第二十五番の勅願院は四足八鳥《ろくろみ》観音と呼ばれ、如意輪観音が4本の足と8つの顔を持つ鳥に乗る。全国でも唯一という珍しい姿である。仏像美術的にも見どころに思う。そして、頭上に馬の頭を乗せる馬頭観音がある。第十七番蓮光院初馬寺で、こちらの「お前立ち」は優しい顔の馬頭観音である。また、第十九番の子安観音寺は、白い衣をまとったという白衣《びゃくえ》観音をまつる。

観音像は秘仏が多いのも特徴だ。秘仏を拝見できる機会は、ご開帳《かいちょう》と呼ばれる時で、一年に一度をはじめ、33年、50年、住職一代で一度などさまざまである。そして、秘仏の場合は、厨子《ずし》の前に「お前立ち」と呼ばれる像が置かれている。

人々を救う観音像の姿は、じつは人々の願いを映しているように思った。

第二章　津・鈴鹿・亀山

中勢地区（十三番～二十四番）

第十三番

青瀧山 千手院賢明寺

【津市】

せいりゅうざん せんじゅいんけんみょうじ

江戸時代、皇太子誕生にも一役かった、知られざる歴史。藤堂久居藩の寺

伊勢神宮のお膝元、伊勢から始まった伊勢西国三十三所観音巡礼は、宮川を越え、櫛田《くしだ》川を越え、そして、雲出《くもづ》川を渡った。津市の久居《ひさい》にいたった。三重県中部に入る。

第十三番は、千手院賢明寺。旧道から分かれる道の突き当たりに立派な仁王門《におうもん》が見える。久居駅からも離れた鄙《ひな》びた地にこれほどの門を構える寺があるとは初めて知った。聞けば、旧道は奈良《なら》道《みち》と初瀬《はせ》街道《かいどう》をつなぐ古くからの道という。かつての交通の要衝《ようしょう》に建てられた寺なのだった。

「この仁王門、以前は菊の御紋《ごもん》がついた扉があり、人々は通用門から出入りしていたようです」と、野田

「久居の観音さん」と親しまれる寺。730 年、行基の開創と伝わる。

かつて仁王門２階に安置された如意輪観音像。

憲秀住職が教えてくれた。菊の御紋といえば皇室にゆかりがあるということになる。仁王門の2階には鎌倉時代の如意輪《にょいりん》観音像が安置されていた。

本堂でも、菊の御紋を見つけた。秘仏の本尊を納める厨子《ずし》である。そこには、菊の御紋とともに藤堂家久居藩ゆかりの藤堂蔦《つた》の紋が施されていた。久居藩は津藩の藤堂家の家系断絶を回避するために立てられた支《し》藩《はん》だ。

激動の明治時代を乗り越え、残された仁王門。
堂々とした風格が、寺の格式の高さを物語る。

寛文10年（1670）、藤堂高通が久居藤堂藩主に。
以来、祈願所となる。本堂は大正6年に再建された。

特別に本尊を拝ませていただく。172センチの千《せん》手観世《じゅかんぜ》音菩《おんぼ》薩立像《さつりゅうぞう》は江戸時代のもの、お身体は金色で、御衣《おころも》は彩色されていたようで薄く朱色が残る。やさしいお顔立ちだ。千の手には薬壺、錫杖《しゃくじょう》、宝棒などを持っている。

この本尊と縁をもつのは江戸時代中頃の第114代の中御門《なかみかど》天皇だった。天皇がこの観音さまに子授けを祈願されたところ、翌年の元日、皇太子（後の桜町天皇）が誕生されたのだ。それゆえ皇室ゆかりの菊の御紋を賜ったという。都から離れた小さな支藩の久居藩にある寺の観音さまが子授けに霊験あらたかと、時の天皇の耳にまで達していたとは驚いた。それほど都でも知られた存在だったのか。

寺には中御門天皇から賜ったという般若心経《はんにゃしんぎょう》一巻や文書、朱《しゅ》塗《ぬ》り食籠《じきろう》（食物を納める容器）、そして白い緒の、丸い形をした福草履《ふくぞうり》が伝わっていた。

特別に拝見すると、享保《きょうほう》年間の日付が記された文書には、公家《くげ》の近衛《このえ》家《け》、女御《にょうご》、朝廷、秘法、などの文字が並ぶ。おそらく近衛家と藤堂家の繋がりから、子授けの祈祷が近衛家の娘である中御門天皇の女御に行われ、皇太子の誕生につながったのであろう。都の公家と藤堂藩にそのような関係があったことにも驚いた。

久居の寺に刻まれた知られざる歴史、巡礼の楽しみはこんな発見にもある。寺では年に一度、8月の会式《えしき》の際に本尊をご開帳する。その日は盆踊りや火渡りなどが行われ、近在の人々が集う。

（取材　令和2年11月28日）

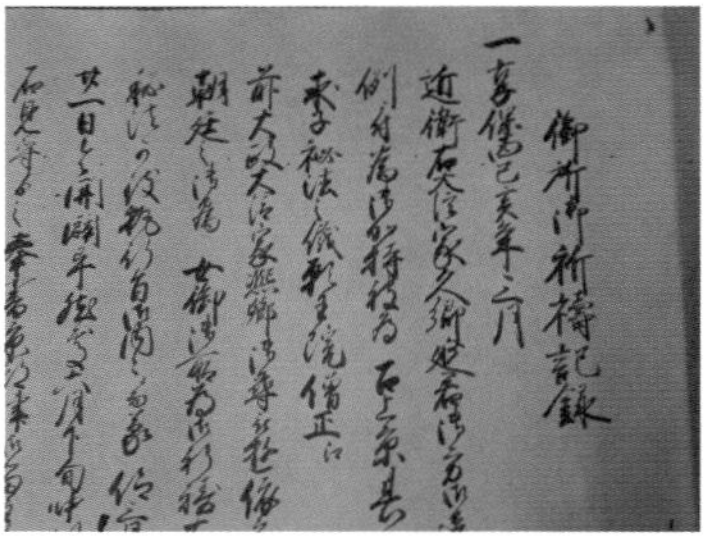

享保年間の文書。

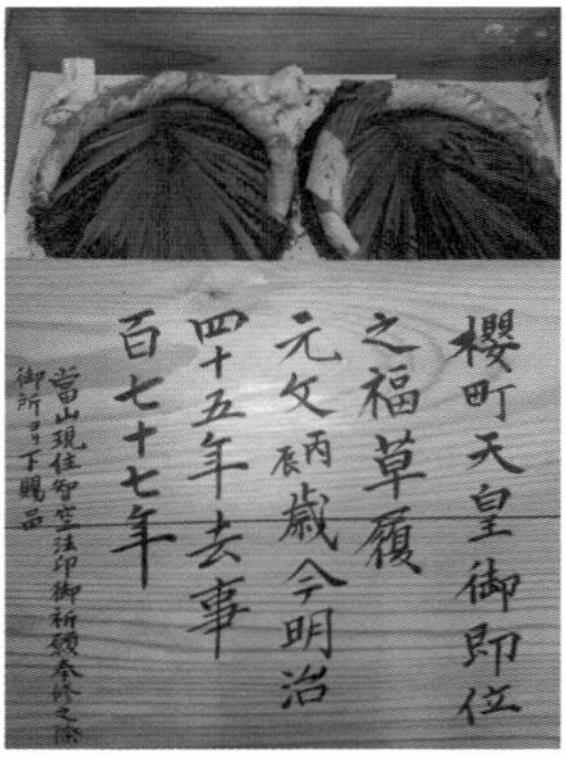

中御門天皇から賜った品々。食籠、福草履など。

【DATA】

◉三重県津市久居元町 2059
◉電話＝ 059-255-2312
◉御朱印場所＝当寺受付
◉参拝時間＝ 8 時～ 17 時
◉公式サイト＝ http://kenmyozi.com/

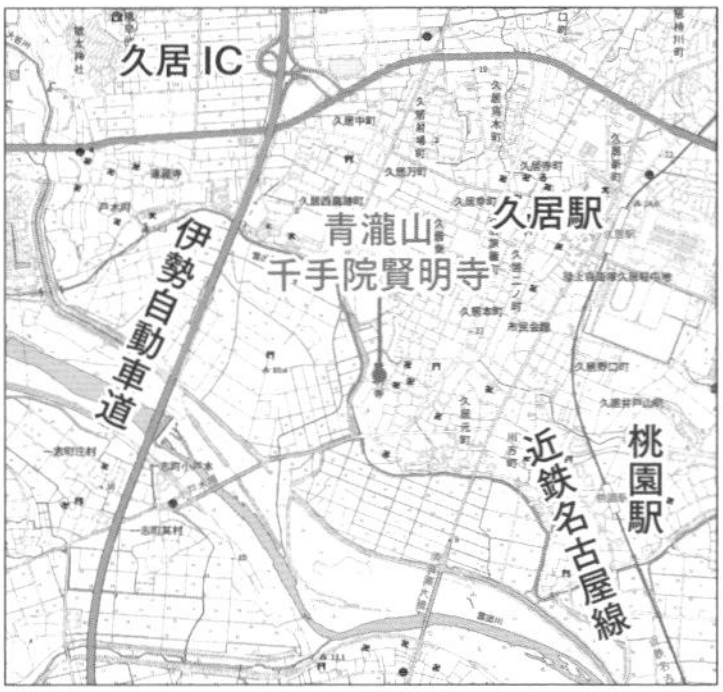

第十四番

恵日山 観音寺

【津市】

えにちざん かんのんじ

「津の観音さん」のルーツは海にあり。鬼門を押さえる役割は健在

観音さまは、海と縁が深い。津の阿《あ》漕浦《こぎうら》の漁師が網で海から引き上げたのが、「津の観音さん」で知られる第十四番観音寺の本尊の由来である。この観音像をまつるお堂が寺の始まりになる。阿漕浦は、かつて伊勢神宮に供える御贄《みにえ》を調達した禁漁の海。病身の母親のために禁を破り、密漁をしていた息子が捕らえられ、海に沈められた「阿《あ》漕平治《こぎへいじ》」の悲しい物語が伝わる。伊勢神宮にゆかりのある海の悲話である。

観音寺が海辺から今の地に移ったのは、室町時代、明応《めいおう》の大地震（１４９８年）に襲われたからだ。この大地震により引き起こされた津波で港も町も、そして観音像も失われた。津の港は日本三津《さんしん》（三大港）の一

津市中心部の大門商店街に建つ観音寺。広い境内は五重塔や資料館も建てられ、市民の憩いの場となっている。

津城

つに数えられたほど栄えた港であったが、それが一瞬に壊滅したのだ。

しかし、寺は高台である今の地に織田信長の弟、信《のぶ》

太平洋戦争により堂宇は焼失。観音堂（本堂）は昭和 43 年（1968）に、仁王門は昭和 55 年（1980）に再建された。

包《かね》によって再建され、再スタートを切るのである。その際、漁師や船乗りから信仰されていた観音像は模刻《もこく》されて、秘仏の聖観音としてまつられている。

そして、観音寺は新たに津藩の城の鬼門《きもん》（北東の方角）を守る役割を担うことになる。その役割は「鬼押《おにお》さえ」という節分の行事で今も果たしている。

「鬼は鬼門の方角から現れるといいますから、節分の日に鬼が出てくるのを観音さまのお力で押さえるので

『伊勢参宮名所図会』に掲載された節分行事「鬼押さえ」。

郵便はがき

料金受取人払郵便

名古屋中局
承認

6624

差出有効期間
2025年5月31日
まで

460-8790

101

名古屋市中区大須
1-16-29

風媒社 行

注文書◉このはがきを小社刊行書のご注文にご利用ください。

書名	部数

郵便振替同封でお送りします（1500 円以上送料無料）

風媒社 愛読者カード

書　名

本書に対するご感想、今後の出版物についての企画、そのほか

お名前　　　　　　　　　　　　　　　　　　　　　　（　　　歳）

ご住所（〒　　　　　　　　　）

お求めの書店名

本書を何でお知りになりましたか
①書店で見て　②知人にすすめられて
③書評を見て（紙・誌名　　　　　　　　　　　）
④広告を見て（紙・誌名　　　　　　　　　　　）
⑤そのほか（　　　　　　　　　　　　　　　　）

＊図書目録の送付希望　□する　□しない
＊このカードを送ったことが　□ある　□ない

疎開していたため、戦火の難を逃れた秘仏の聖観音菩薩像を納める観音堂内陣

す。鬼は天災や流行病の象徴です」と、岩鶴密伝住職が教えてくれた。「鬼押さえ」は、江戸時代の『伊勢参宮名所図会』にも掲載されるほど知られた行事であったのだ。昔も今も、鬼を押さえてほしいという願いは変わらない。

また、もう一つ、この名所図会に載るのが、「国府《こう》の阿弥陀《あみだ》」だ。なんでも伊勢神宮内宮のご祭神、天照《あまてらす》大御《おおみ》神《かみ》の本来の姿「本地《ほんじ》仏《ぶつ》」*であるという。かつて、この阿弥陀仏は江戸をはじめ、各地に運ばれ、公開する出開帳《でがいちょう》が行われていた。そのため、「阿弥陀に詣らねば片参宮」といわれるほど、お伊勢参りには欠かせない寺となっていく。

それにしても、伊勢周辺の寺では、天照大御神の本地仏は観音菩薩であったが、ここにきて阿弥陀如来となった。寺では、鎌倉時代、覚乗《かくじょう》という僧侶が感得《かんとく》した天照大御神のお姿を彫ったと伝わる。目に見えない神をそれぞれの目で捉えたということだろうか。

津に生まれ育った私は、子どもの頃、よく祖母に連れられ、「津の観音さん」に来た。津の中心地、大門商店街にある寺の境内で鳩に餌をやり、池の亀を眺め、そして会式《えしき》の稚児《ちご》行列に参加した。津市民の憩いの場である寺の本尊が、海に縁の観音さままであることは、やはり港にルーツをもつ津の町らしいと思った。

（取材　令和2年12月26日）

＊本地仏…神の本来の姿は仏であるという神仏習合の考え方。

【DATA】

◉三重県津市大門31
◉電話＝059-225-4013
◉御朱印場所＝当寺受付
◉参拝時間＝8時～17時
◉公式サイト＝https://www.tsukannon.com/

第十五番

近田山 長谷寺【津市】

きんでんざん ちょうこくじ

かつて巨大な観音像をまつった古刹、慈悲の心が受け継がれる長谷山

ここに8メートル近い、大きな観音さまがおられたのだという。津市街の西にそびえる長谷山《はせやま》、その中腹に建つのが、第十五番の長谷寺だ。長谷山は標高320メートルほど、津で生まれ育った筆者は小学生の頃、遠足で山登りをした覚えがある。もちろん2人の妹も。その津市民なじみの山に、大観音さまがおられたとは初めて知った。

寺は奈良時代、大和国（奈良県）の長谷寺《はせでら》を開いた徳道《とくどう》上人が創建したと伝わる。徳道上人は観音信仰に篤く、西国三十三所観音巡礼の創始者といわれる著名な僧侶である。この高僧が関わっていたがゆえに、大和長谷寺を模した大観音像が安置されたという。その

徳道上人の開基と伝わる寺。大和の長谷寺を模した。

津市街の西方にある長谷山。その南西中腹に位置する。

十一面観音像の身の丈は2丈6尺（約7・9メートル）というから、日本有数の大きさであったはずだ。今なお像高6・6メートルの観音像を安置する、多気町の近長谷寺《きんちょうこくじ》（伊勢西国観音音巡礼第十一番）に対して、「遠長谷寺《おんちょうこくじ》」とも呼ばれた。

寺は北畠《きたばたけ》氏や佐々木氏という土地の有力者の祈願所とされていたが、16世紀後半に織田信長軍による兵火によって、焼失してしまう。当時は僧兵800人を抱えるほどの規模だったともされる。灰燼《かいじん》に帰《き》した寺だが、かろうじて残されたものがあった。

「ご本尊のおそらく芯の部分だと思われるのですが、今は白布に包まれたお姿です」と、住職の高山宗親さんが教えてくれた。

現在は二代津藩主の藤堂高次《たかつぐ》によって再興された江戸初期の作、十一面観音立像が本尊となっている。しかし、旧本尊も18年に一度ご開帳されるという。令和2年はご開帳の年にあたったが、「私としては4回目のご開帳になるのですが、残念ながら難しい。昔は里の人々が米俵を大八車《だいはちぐるま》に積んで、ご開帳にやってきたものですが」と複雑な胸の内を住職は語る。

たびたびの兵火で焼失するが、津藩主の藤堂高次が再興し、藤堂家の祈願所となる。

現在の本尊は江戸時代初期作で、木造褐色の漆仕立て。

【DATA】

◉三重県津市片田長谷町 230
◉電話＝ 059-237-2648
◉御朱印場所＝当寺受付
◉参拝時間＝ 8 時～ 17 時
◉公式サイト＝ https://chokoku-ji.com/

本堂で障害を持つ子どもたちが遊んだのが始まり。今は福祉施設が建ち並ぶ。

藤堂高虎が文禄年間に大陸よりもたらしたという六観音は異国風。

ふもとの地区は、長谷山の谷水を源とする、ため池から農業用水を引いて、稲作を行ってきた。稲作に欠かせない水源の山への信仰が根底にあることがうかがえる。かつては、ご開帳のたびに旧本尊を包んだ白布を小さく切り、お守りとして人々に授けたという。

観音さまの慈悲《じひ》の心は今も受け継がれている。里から長谷寺へ登る道中には福祉施設が並ぶ。もともとは先代住職の高山宗俊さんが、障害を持つ数人の子どもを寺で預かったのが始まり。先代は「慈悲の心」を宗として、昭和31年（1956）に津長谷山学園を開設、その後、社会福祉法人を取得し、子どもから高齢者までの支援施設を作っていく。当時の津市長に「津の福祉の父」と慕われたほどだ。その活動は、現在の住職に引き継がれている。まさに観音さまの慈悲の山である。

（取材　令和3年2月5日）

第十六番

白山 密蔵院 【津市】

はくさん みつぞういん

津藩主の信仰から庶民の寺へ 寄進による本堂再建。津駅西口のオアシス

津駅西口すぐ、急な石段を登ると、朱塗《しゅぬ》りの山門《さんもん》、さらに登ると本堂が建つ。第十六番の密蔵院は、津駅に臨む緑豊かな高台にある。

今でこそ津駅西口界わいは賑やかな地だが、40年ほど前は丘陵地を大がかりに宅地造成していた。津駅前に育った筆者は造成工事で表出した地層が珍しかったことを覚えている。その頃と変わらないのは、この密蔵院と隣の幼稚園ぐらいだろうか。ここにいると昭和の時代が思い出される。

江戸時代、二代津藩主、藤堂高次《とうどうたかつぐ》が病気平癒《へいゆ》を喜び、祈祷《きとう》をした僧侶にこの地を与え、寺を創立したのが密蔵院の始まりである。当時、この一帯は白山《はくさん》と呼ばれ

津駅西口から徒歩３分の寺。石段を登ると、静かな祈りの空間が広がる。

ていたという。津には、青山高原の東部に白山町《はくさんちょう》があり、白山比咩《しらやまひめ》神社をまつるが、ここも白山信仰（石川県白山市の白山比咩神社が総本社）の地と初めて知った。今も本堂の裏山には、菊理媛神《くくりひめのみこと》（白山比咩神）を白山妙理大権現《みょうりだいごんげん》と祭神とする御社《おやしろ》がある。

　御社のある裏山には、明治初年に四国八十八ヶ所霊場の小堂が作られた。そのため、白山密蔵院はお大師《だいし》さんゆかりのお遍路《へんろ》が盛んになっていく。

　しかし、昭和20年（１９４５）、太平洋戦争の空襲でお堂や寺の文書などは灰燼《かいじん》に帰した。

　戦後、寺の再建は信者たちの寄付によって成し遂げられる。本堂の格天井《ごうてんじょう》を見上げると、天井板の一枚一枚に名前がびっしりと記されていた。朱色の梵字《ぼんじ》を中心に円状に30人ほどの名前が寄せ書きされている。寄付をした信者の名前という。それが１００枚以上。一人ずつの名前は小さくて読めないが、多くの人々の信心によって寺の復興がなされたことがしっかりと伝わってくる。

津の空襲で堂宇などは焼失。本堂は信者たちの寄付により、戦後、再建された。本堂天井には、寄進者の名前が記される。

疎開していたため難を逃れた秘仏の千手観音。厨子の前には、十一面観音のお前立。

【DATA】

◉三重県津市大谷町 260
◉電話＝ 059-227-3034
◉御朱印場所＝当寺受付
◉参拝時間＝ 8 時～ 17 時

108 の数珠には、一人ひとりの朱の名前が。

境内には、四国八十八所霊場の小堂が造立されている。

この寺は年に4回、弘法大師ゆかりの21日に大数珠《じゅず》繰りが行われる。本堂で10数人が輪になって般若心経《はんにゃしんぎょう》を唱えながら、長い数珠を繰っていく。その数珠を見せていただくと、一つひとつの珠に名前が刻まれていた。

「これも信者さんが寄付をしてくれたもの。寺は皆さんに守っていただいている」と住職の青木信道さんはしみじみと語る。

本堂の中央に、疎開して空襲の難を逃れた秘仏の千手観音さま、その左にお大師さんが安置されている。津藩主の信仰から、庶民の信仰の寺へと変わっていった。

静かな境内を出ると、日々の喧噪《けんそう》が耳に飛び込んできた。時間がゆったりと流れる境内は、駅前のまるで緑のオアシスのようだと感じた。

（取材　令和3年2月5日）

第十七番

馬宝山 蓮光院初馬寺

【津市】

ばほうざん れんこういんはつうまでら

聖徳太子が刻んだという馬頭観音
津駅前に太子信仰を伝える寺

観音さまのお姿はそれぞれ。聖《しょう》観音、十一面《じゅういちめん》観音、千手《せんじゅ》観音、如意輪《にょいりん》観音をこれまで拝してきたが、ここでは初めて馬頭《ばとう》観音にお目にかかる。

仏教では命あるものはその業（行為）によって生死を繰り返す六道《ろくどう》という世界（地獄・餓鬼《がき》・畜生《ちくしょう》・修羅《しゅら》・人・天）があり、その6つの世界をそれぞれ救うため六観音がおられるという。さまざまな観音さまに守られている。

第十七番の初馬寺は、津駅東口の繁華街にある。

本尊、馬頭観音はなんでも聖徳太子が自ら刻まれたものと伝わっている。本尊は3月の初午会《はつうまえ》式《しき》で年に一度開帳される秘仏のため、本尊とほぼ同じ姿という厨《ず》

津駅東口の繁華街に建つ寺。聖徳太子が厄除け、病気平癒のため開創したという。

子《し》前のお前立ちを拝見した。

「ちょっとイメージが違うでしょう」と近藤玄道住職が仰るように、確かにそのかわいらしいお姿に戸惑っていた。眼前にする高さ50センチほどの立像は頭上には確かに馬の首をいただいているが、優しいお顔立ちをしている。馬頭観音は悪魔を降伏させる憤怒《ふんぬ》の形相のはずなのだが。

寺伝では、聖徳太子42歳の厄年に津の四天王寺《してんのうじ》建立を発願して、この地へ来られた。その際、太子自身も病を得た上、さらに母親や妻も病気になる。そこで、師の僧侶の勧めで太子は馬頭観音を刻み、厄難除けの法を修めると、太子も家族も病が平癒《へいゆ》する。四天王寺の造営も進んだことから、６１８年初午《はつうま》の日に自ら刻んだ馬頭観音を本尊としてまつったのが初馬寺の始まりという。聖徳太子ゆかりの馬頭観音とは驚いた。太子は厩戸皇子《うまやどのおうじ》といわれたため、なにかしら馬への信仰と重なるのかもしれない。

馬頭観音像の特徴も興味深い。胸の前で両手を結ぶ「馬口印《まこういん》」という独特の印がある。両手の親指、中指、小指を立てて合わせ、ほかの指は内側に折り曲げる。どことなく馬の顔に見えなくもない。

頭上の馬のお顔をじっくり見ると、じつに親しみや

頭上に馬の頭をいただく馬頭観音は、古代インドに始まり、中国を経て日本に伝来。

太子の病気が平癒し、諸願が叶ったのが618年3月の初午の日と伝わる。今は、「津の初午さん」として知られる。

【DATA】

◉三重県津市栄町 3-210
◉電話＝ 059-227-3632
◉御朱印場所＝当寺受付
◉参拝時間＝ 8 時～ 17 時
◉公式サイト＝ http://renkoin.net/

伊勢の津七福神巡りの一つにもなっている。

すい。空想上の霊獣ではなく、リアルな馬の首を乗せているからだろうか。神社でも、馬は神さまの乗物として神聖視されてきたが、馬の持つ力をいただいているお姿そのものと見受けた。

人々は初馬寺の馬頭観音に病気平癒と厄難消除を祈願してきた。近藤住職も幼少の頃に大病をしたが、先代の祈願のおかげで治ったのであろうと話してくれた。何より住職本人がその力を信じておられた。

初馬寺は国の重文指定の大日如来《だいにちにょらい》像や阿弥陀如来《あみだにょらい》像を所蔵し、かつてはさぞ大寺であったろうと想像がつく。しかし、今も駅前のビルに囲まれながらもしっかりと聖徳太子ゆかりの観音さまをお守りしている。

（取材　令和３年４月９日）

収蔵庫には、国の重要文化財の大日如来像と阿弥陀如来像が安置される。

第十八番

泰平山　府南寺

たいへいざん　ふなんじ

【鈴鹿市】

古代の伊勢国府に伝わる聖徳太子ゆかりの秘仏。春はアイナシに彩られる古刹

縁日《えんにち》はもともと神仏に特別の縁があるとして祭典や供養を行う日のこと。この日に参詣すると大きな功徳《くどく》があるとされる。観音さまのご縁日は十八日。今回は観音さまにご縁のある、十八番の寺、どこか気持ちが高まる。

伊勢西国三十三所観音巡礼も伊勢神宮のお膝元《ひざもと》から津へ、さらに鈴鹿へ。伊勢平野を北上し、鈴鹿の山々が間近に。鈴鹿というとモータースポーツの町の印象が強いが、古くは伊勢国の政治と宗教の中心地であったことがうかがえる。府南寺のある鈴鹿市国府町《こう》は、古代の役所、伊勢国府《こくふ》にちなむ町名であるし、ここから8キロほど離れた国分町《こくぶちょう》には伊勢国分寺《こくぶんじ》も置かれた

観音堂に千手観音、阿弥陀堂に阿弥陀如来がまつられ、２つのお堂が並ぶ。

江戸時代にはすでに大樹と記されたアイナシは県の天然記念物。３月下旬から４月上旬に見ごろ。

無量寿寺は、聖徳太子の創建と伝わる。その後、鎌倉時代に覚乗上人が寺の「国府の阿弥陀」は天照大御神の姿を現したものと感得したという。

とされている。

　寺の仁王門《におうもん》を入ると正面には、府南寺の本尊の観音さまをまつる観音堂が、その後ろには無量寿寺《むりょうじゅじ》の本尊の阿弥陀《あみだ》さまをまつる阿弥陀堂が前後に並んで建つ。珍しい配置はこの寺の歴史を物語る。

　というのも府南寺は、もとは補陀洛山《ふだらくさん》府南寺といい、国府町の南、観音山に建っていたが、織田信長軍の兵火にかかり焼失。そして現在地の泰平山無量寿寺の境内へ移ったことから、2つの寺の山号《さんごう》と寺号《じごう》を合わせ、泰平山府南寺と名乗る。この寺も兵火の災いを受けていたのである。

古代の役所、伊勢国府にちなむ国府町にある古刹。

　観音堂で迎えてくれた久米令真住職がまず、観音経のおつとめをされた。観音経は観音さまのお力によって救われるという経典。読経《どきょう》を聞きながら、言葉の意味はわからないけれど、尊さを感じていた。

　観音堂の本尊は、聖徳太子が自ら刻んだものと伝わる。6世紀初め、日本に仏教が公伝《こうでん》すると、仏教を受け入れるか否かで豪族の蘇我《そが》氏と物部《もののべ》氏が争った。その際、仏教受容の蘇我氏が勝つよう太子が祈願して刻んだのが本尊の千手《せんじゅ》十一面観音という。日本史の1ページを紐解《ひもと》くようである。

聖徳太子ゆかりの本尊は50年に一度のご開帳の秘仏のため、お姿はわからない。前回のご開帳を当時中学1年だったという久米住職が、秘仏は高さ4メートル近くあり、堂々たるお姿を拝ませてもらったと話してくれた。大きな厨子《ずし》に納められた観音さまを想像した。

その厨子の両側には、甲冑《かっちゅう》をつけ、憤怒のお顔の勝《しょう》軍《ぐん》地蔵と武将の姿をした毘沙門天《びしゃもんてん》が、脇侍《わきじ》として置かれていた。慈悲を下さる観音の脇侍に軍神の勝軍地蔵を置くのは珍しいという。戦勝を祈願した由緒といい、この脇侍といい、この寺の観音は強い力をもっておられるように思った。

そして、ここの久米住職は、筆者の高校の同級生でもあった。これも観音さまのご縁というものだろうか。

寺には、天然記念物のアイナシが伝わる。大樹に白い花咲く姿に、古寺ならではの歴史の重みを感じた。

(取材　令和3年4月19日)

【DATA】

◉三重県鈴鹿市国府町 2548
◉電話＝ 059-378-0539
◉御朱印場所＝当寺受付
◉参拝時間＝ 8 時～ 17 時
◉公式サイト＝ http://funanji.jp/

仁王門に立つ金剛力士立像は鎌倉時代作。高さ約 2.1 メートル、隆々たる筋肉、気迫に満ちた姿で、三重県で唯一、国の重要文化財指定を受けている。

元十九番

榊宮山 蓮光寺

【亀山市】

しんぐうざん れんこうじ

伊勢神宮の御厨に
まつられた榊宮を守る宮寺。
観音像を引き継ぎ、札所に

日の暮れに寺の鐘を聞いたのは、いつのことだったか。元十九番、蓮光寺を訪ねると山門の2層が鐘つき堂となっていた。「毎日の日暮れに鐘を撞いています」と、松尾弘也住職が迎えてくれた。定刻ではなく、日暮れ時に住職自らが鐘をつく。童謡の「夕焼け小焼け」の世界が、この集落には残っていた。

亀山市阿野田《あのだ》町にある蓮光寺は、阿弥陀《あみだ》仏を本堂にまつる。この寺と同じ阿野田町にあった第十九番の安《あん》養寺《ようじ》（のちに慈眼寺）は慶長年間の火災で焼失したものの、幸い残された本尊の十一面観音は地元の人々により守られていた。その本尊が蓮光寺にうつされたため、元《もと》十九番として観音巡礼を引き継いだ。この十一

太平洋戦争に供出された鐘は「文化十四」の年号の銘があった。現在は昭和23年に再鋳されたもの。

草創は室町時代と伝わる古刹。
阿弥陀三尊が安置される本堂。

面観音は、阿野田の「守《まも》り観音」として、地元から篤い信仰を集め、うつす際も阿野田の寺にという人々の強い希望があったという。

山門を入り、正面にある観音堂へ。堂内には白木の

観音堂には、明治維新後にうつされた安養寺の本尊、十一面観音立像を安置。

厨子《ずし》が中央に置かれている。阿野田の「守り観音」は秘仏で、30年に一度ご開帳される。

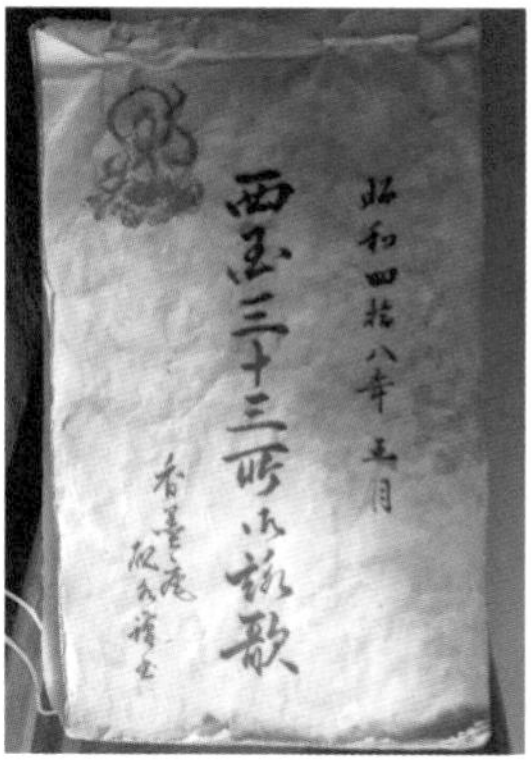

ご詠歌集

それでも毎月17日には呑海講《どんかいこう》とよばれる人たちが集まり、ご詠歌《えいか》と特有の呑海節《どんかいぶし》を上げるのが習わしという。呑海節とは、西国三十三所の各寺を順番に詠じるもので、私は初めて知った。地元の人々が粛々と口伝してきたもので、住職も詳しくはわからないという。聞けば、この観音堂も地元の自治会の所有という。地元の人々が主体となって観音を守り伝えているのだ。それは地縁《ちえん》の深さもうかがわせた。

この寺の山号「榊宮山」が気になっていた。松尾住職は、「かつては神社（榊宮）を守るお寺、宮寺《みやでら》だったようです」という。日本古来の神と、仏教信仰を融合した考え方、神仏習合《しんぶつしゅうごう》は、神社を守るお寺（宮寺）を生み出していた。今では神社こそなくなってしまったが、山号に、榊宮の名を残していたのだ。

榊宮を調べると、伊勢神宮との関わりが見えてきた。

【DATA】

◉三重県亀山市阿野田町 2246
◉電話＝ 0595-82-7185
◉御朱印場所＝当寺受付
◉参拝時間＝ 8 時～ 17 時

文政５年（1822）建立のキリシタン灯篭。徳川幕府の厳しいキリシタン弾圧を避けて、ひっそりと礼拝していたと伝わる。

鈴鹿川の右岸、阿野田の地は鎌倉時代前期の建久の文書に内宮の御厨と記されている。

阿野田には鎌倉時代から伊勢神宮内宮《ないくう》の御厨《みくりや》（荘園）が置かれ、収穫された米を内宮に納めていた。その御厨に内宮の祭神、天照《あまてらす》大《おお》御《み》神《かみ》をまつる神社があり、それが榊宮と呼ばれていたのだ。内宮へ米を納めることは一時中断したが、江戸時代中期、元禄の頃には復活。そのため、古材が海路で運ばれ、伊勢神宮の式年遷宮《しきねんせんぐう》の翌年には、榊宮の社殿が建てられたという。

伊勢西国三十三所観音巡礼は、「もう一つのお伊勢参り」とも言われた。この亀山の地でも伊勢神宮ゆかりの寺に巡り会い、感無量だ。

さて、そろそろお寺の鐘が鳴る頃。カラスと一緒に帰ることにしようか。（取材　令和3年6月7日）

第十九番

白子山 子安観音寺【鈴鹿市】

しろこさん こやすかんのんじ

白衣観音に安産祈願
徳川御三家も庶民も。
境内の不断桜は観音の霊験

また新たなお姿の観音さまに出会った。白衣《びゃくえ》観音という。白い衣《ころも》を頭からかぶり、身にまとったお姿の優しげなこと。ゆったりとお座りになり、手には何も持たず、右手を右膝の上に、左手で身体を支えておられる。もっとも年に一度のご開帳の秘仏のため、写真で拝見したのだが、その優雅さは伝わってきた。

第十九番は、鈴鹿市の子安観音寺である。女性的な白衣観音は安産祈願と結びつき、安産はもちろん子授け、子育ての霊場として知られるように。寺には、徳川御三家からの安産祈願文も残るほどで、地元だけでなく全国的にも信仰を集めていたことがわかる。

かつて筆者も安産を祈って腹帯に御朱印をいただい

聖武天皇の時代に開創されたと伝わる寺。
「子安さん」と親しく呼ばれる。

た。その際、封筒に入った桜葉一枚も授かった。なんでも、その葉が裏側であれば男子が、表ならば女子が生まれるという。いつの頃からか、寺ではなく参拝者が占うようになった風習である。

旧伊勢街道に面して、朱塗りの仁王門が建つ。

境内には、冬でも花を咲かせるという不断桜が伝わる。
その桜葉は、伝統工芸品「伊勢型紙」のルーツともいわれる。

境内にあるその桜木は、一年を通じて葉や花が絶えないと、不断桜《ふだんざくら》と呼ばれる。寺伝では今から1200余年前、雷火で焼失した寺跡から芽吹き、冬でも花を咲かせたことから、その樹を天皇の宮中の庭に移したところ一夜にして枯れてしまうが、再び寺に樹を戻すと蘇生したという。その不思議な力に奈良時代後期の女帝の称徳《しょうとく》天皇は感激され、歌も詠まれている。「ちかいありいつも桜の花なれば　見る人さへや　ときはなるべし」

後藤泰成住職は、「白衣観音さまの霊験が不断桜を咲かせるのでしょう」。不断桜も白衣観音の霊験とい

【DATA】

◉三重県鈴鹿市寺家 3-2-12
◉電話＝ 059-386-0046
◉御朱印場所＝当寺受付
◉参拝時間＝ 9 時～ 17 時
◉公式サイト＝ https://koyasukannon.net/

秘仏、白衣観音をまつる本堂。

う。不断桜は天然記念物となって、何代目かの桜木が数本、青々と葉を茂らせていた。

不断桜は、また地域の産業とも結びついていた。着物に柄や文様を染めるために用いる型紙《かたがみ》「伊勢型紙」である。諸説あるが、不断桜の虫食い葉の模様を小刀で切り抜いたのが始まりとも伝わる。子安観音寺の門前には10もの坊（僧侶の住居）がずらり並び、そこでも型紙が作られていたというから、地域を支える一大産業の拠点だったことがうかがえる。それは昭和の中頃まで続いた。後藤住職は先代から当時の小学校の様子を「お寺の子である父以外はすべて型紙の職人の子どもだった」と聞いていた。

旧伊勢街道沿いに堂々と立つ朱塗《しゅぬ》りの仁王門《におうもん》は、江戸中頃に建立された。その近くの石垣には、伊勢型紙の職人が彫刻刀を研いだ跡がくっきりと残っている。観音のお力を授かりたいという職人の切なる思いが刻まれていた。

参拝記念の土産として、伊勢型紙の職人が彫った「富貴絵《ふきえ》」も伝わる。富貴絵には職人の手なる不断桜が見事に咲いていた。（取材　令和3年7月1日）

コラム

伊勢西国と神宮の御厨

伊勢西国三十三所観音巡礼の寺はどのように選ばれたのだろう。私は伊勢神宮との関わりを考えていた。「もう一つのお伊勢参り」ともいわれる伊勢西国の場合は、ほかの地の観音巡礼とは異なり、おそらく伊勢神宮の「荘園《しょうえん》」に創建された神社を守る寺ではなかったのだろうか。

荘園は、奈良時代から室町時代にかけて貴族や武家などが各地に所有した私的な土地のこと。その土地で収穫された米などは国家ではなく領主に納められる仕組みだ。神社と荘園、違和感を覚えるが、じつは、神社や寺も荘園を持っていた。例えば、鎌倉幕府を開いた源頼朝は信心深く、伊勢神宮に自ら所有する荘園を寄進したため、伊勢神宮から遠く離れた関東地方にも伊勢神宮の荘園があった。

荘園には、御厨《みくりや》（水田）や御園《みその》（畑）が置かれ、収穫された米などは伊勢神宮に運ばれ、納められた。つまり神宮の財政を支えた土地なのである。そして、その大切な地を守るために、神さまがまつられた。もちろん伊勢神宮内宮の祭神、天照大御神《あまてらすおおみかみ》である。神は勧請《かんじょう》（分霊して請うこと）することができ、全国各地の御厨や御園にまつられたのである。神明《しんめい》神社、神明宮と呼ばれる各地の神社はこうした由来を持つ。

「御厨」の神明神社の痕跡はまず亀山市阿野田《あのだ》町の元十九番蓮光寺で見つかった。神社はすでにないが、寺の山号に榊宮山を残していた。ここには伊勢神宮内宮の御厨があり、そこに天照大御神をまつる榊宮があったのだ。「阿野田の観音」はその宮寺《みやでら》の本尊であったと思われる。

また、第二十八番宝性寺の入口には、「御厨神明神社」と刻まれた石柱が立っていた。四日市市という伊勢から離れた地で、「御厨神明神社」を見つけた時は驚きとともにうれしかった。神社はいまも寺の境内に建ち、神仏習合の霊場を今も残していた。

三重県における伊勢神宮の土地、神宮領《じんぐうりょう》は、奈良時代には度会、多気の2つの郡、のちに飯野郡が加わり「神三郡《しんさんぐん》」と呼ばれた範囲。さらに平安時代には、三重県中北部の員弁《いなべ》、三重、安濃《あのう》、朝明《あさけ》、飯高の5つの郡に増え、「神八郡」と称されるようになる。伊勢から桑名までの観音巡礼の道筋は、まさしくこの「神八郡」を通るのである。

観音巡礼の寺は、伊勢神宮の経済を支えた御厨も関係していたのである。

第二十番

金井山 林光寺

【鈴鹿市】

かないさん りんこうじ

桃山時代の文化を色濃く残す本堂
都風の千手観音は天照大御神ゆかり

城下町には、寺が多いと聞く。いざという時に出城《でじろ》とするため、本城の近くに寺を集めたからだ。鈴鹿市神戸《かんべ》の城下町を久しぶりに訪ねると、道は随分と新しくなっていたが、それでも寺は変わらず多かった。

その一つ、神戸城主代々が祈願所とした林光寺が、第二十番である。本堂は、桃山時代に再建、さらに江戸時代初めに大修理がなされた。

本堂に入ると、本尊の秘仏を納める厨子《ずし》の左側に毘沙門天《びしゃもんてん》像、右側に勝軍《しょうぐん》地蔵像の脇侍《わきじ》を配している。この形は、京都の清水寺と同じで、清水様式という。病気平癒、家内安全など現世利益を祈願するかたちだ。

秘仏の千手観音立像は平安時代の作で、桧《ひのき》の一木造《いちぼくづくり》

寺伝では、聖武天皇の勅により、行基が訪れた際、林の中で清泉が湧き、金光を放っていたことから開創されたという。

壁画が描かれている堂内。

という。年に一度、8月9日の深夜から翌日未明に、2時間あまりに限ってご開帳される。

「おそらく鈴鹿の国府《こくふ》（役所）へ来た藤原氏が連れてきた定朝《じょうちょう》一派の仏師ではないか」と、内田景康住職が推測するほどに、写真からも丸いお顔は優しく、ふくよかである。定朝は平安中期を代表する仏師で、京都の平等院鳳凰堂《ほうおうどう》の阿弥陀像などを手がけた。当時の貴族が好んだ豊かで麗しい都風の像をここで拝めるとは、ありがたいことだ。

神戸城主の祈願所として栄える。桃山時代に再建された本堂。その後も大修理が行われる。

江戸時代の書物にはこの観音は伊勢神宮内宮のご祭神、天照大御《あまてらすおおみ》神《かみ》の作とある。驚くべき記述だが、鈴鹿周辺は、古くは伊勢神宮に米などを献じた御厨《みくりや》が多く点在し、伊勢信仰が想像以上に根付いていたことをうかがわせる。

そして、神戸は伊勢へ向かう旧伊勢街道の要所でもあった。旧東海道を四日市宿日《ひ》永《なが》で分れ南へ、鈴鹿川を渡ると神戸城下へ入る。お伊勢参りの人々をもてなしてきた宿場町であったのだ。

薄暗い本堂は、華麗な色彩と彫刻で満たされていた。

秘仏の本尊、千手観音は平安時代の作。毎年8月9日深夜から10日未明にかけて開扉される。公開されている写真。

【DATA】

◉三重県鈴鹿市神戸 6-7-11
◉電話＝ 059-382-0610
◉御朱印場所＝当寺受付
◉参拝時間＝ 8 時～ 17 時

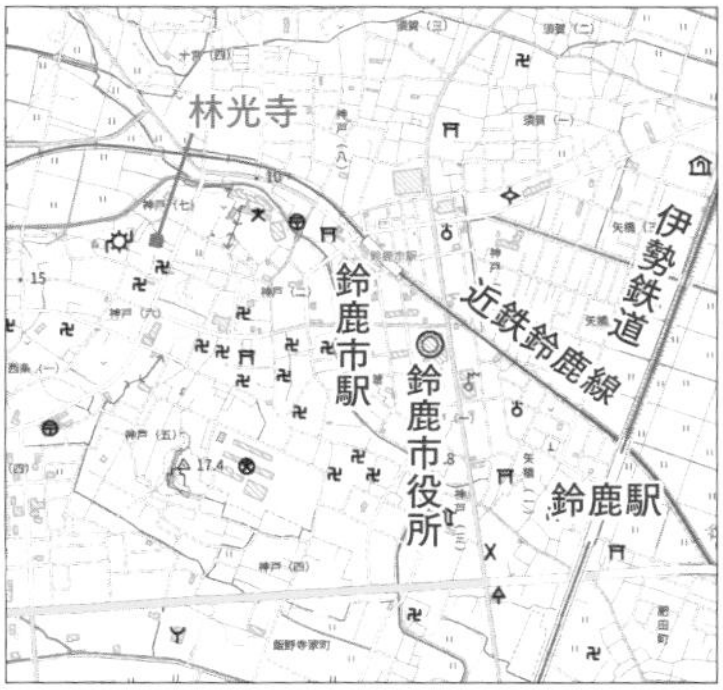

近鉄鈴鹿市駅より徒歩 10 分。かつての神戸の宿場町に建つ。

須弥壇には干支やめでたい植物の精緻な彫刻が施されている。

見上げれば、格天井《ごうてんじょう》には花鳥の絵が、内《ない》陣《じん》の壁面には8枚の板絵がうっすらと残る。丸柱も金箔ではなく、極彩色が施されていた。往時はかくやと思わせる装飾の跡だ。

そして、内陣正面、本尊の厨子などを安置する須弥壇《しゅみだん》は、四間半（約8メートル）はあろうかという長いものだ。その台座には、子丑寅《ねうしとら》…十二支の動物と、梅や松、椿などの植物が精密に彫られている。見事な彫刻に目が釘付けとなった。

「干支《えと》信仰です。桃山か江戸初期か、一族郎党すべての厄除《よ》けを願ったのでしょう」。内田住職は一代で、この古寺の修理をこつこつと進めてきた。取材にも大病を患うも見事に回復されて対応してくれた。本人曰く「生き返ってきた」。内田住職は、寺に復帰されてからも、再び修理を進める。これが生涯かけてのお役目というものであろう。人はお役目によって、命を長らえているのかもしれない。

（取材　令和3年7月1日）

第二十一番

日照山　圓福寺

【亀山市】

にっしょうざん　えんぷくじ

古仏の十一面観音
新しい聖観音をまつる黄檗宗の寺。
境内には花梨の古木も

観音巡礼の楽しみの一つに、さまざまな宗派の寺にお参りできることがある。第二十一番は亀山市住山《すみやま》町の圓福寺。こちらは黄檗宗《おうばくしゅう》の寺だ。黄檗宗は江戸時代、中国の隠元《いんげん》という僧侶がもたらした禅宗で、木魚《もくぎょ》や普《ふ》茶《ちゃ》料理、煎茶《せんちゃ》、そしてインゲン豆などを日本に伝えている。

黄檗宗の寺に初めて参る。本堂に入って、まず明るいことに驚いた。天井が高く、扉の上部には明かり採りの窓も設けられている。そして、足元の床は黄土色の瓦が敷かれ、そこに長い脚がついた台の上に木魚や磬子《けいす》、経本などが置かれている。なんとも珍しいが、黄檗宗では、僧侶は正座ではなく、膝立ちや立って経

当初は住山寺であったが、織田信長の兵火により灰燼に帰し、その後、江戸時代に亀山藩主が柏堂禅師を招聘して開山する。

典を読むためという。読経する法要の様子を写真で拝見して、なるほどと納得した。

　堂内の柱は丸柱ではなく、角柱《かくばしら》で、正面の2柱には、加藤徳成住職が観音経より引いた10文字が対で飾られている。「皆さんの困っていることを、観音さまの不

失火により焼失した本堂は、信徒たちにより平成20年（2008）に再建。

思議な力で救っていただくということが書かれています」と教えてくれた。黄檗宗には特別な経典はなく、本尊が観音さまであれば、観音経が読経されるという。

　中央の大きな厨子《ずし》には、本尊の聖観音が安置されている。平成7年（1995）の失火で本尊を失い、同20年に本堂を再建した際に新しく造られたものだ。本尊の左側には、白い装束を着けた像が置かれている。今から450年ほど前、織田信長の兵火で焼失した後、亀山城主の板倉氏によって招聘《へい》された柏堂《はくどう》という僧侶の像である。この柏堂の尽力によって住山寺跡にお堂が再建され、黄檗宗の圓福寺として開山した由緒が伝

京都の宇治市の黄檗山万福寺の末寺となり、亀山城主の保護を受けてきた。新しく創った聖観音を安置する逗子。

わる。

一方、本尊の右側には、圓福寺の前身である住山寺の観音像が伝わっていた。織田信長軍の兵火も平成の失火をもくぐり抜けてきた十一面観音立像である「古《こ》仏《ぶつ》と呼んでいます」と加藤住職は言う。特別に拝見すると、平安時代後期の作とされる高さ70センチほどの像が静かに立っておられた。この寺のご詠歌《えいか》に、「はるばると住山寺に分け入れば仏のめぐみ深き谷川」とある住山寺の仏というのは、こちらの十一面観音である。寺の再興を見てこられた古いふるい観音さまだ。

代々の亀山城主の保護を受けてきた寺だが、明治時代に無住となる。そして、明治32年（1899）に加藤関道師により再興され、現在に至っている。

境内の古木には、楕円形の青い果実がなっていた。樹齢300余年の花《か》梨《りん》の木という。菩《ぼ》提樹《だいじゅ》とともに、開山した柏堂が持参したものと伝わる。幾時《いくとき》と寺を見守ってきた花梨。毎秋、変わることなく実が黄熟する。

（取材　令和3年9月6日）

古仏と呼ぶ十一面観音。

本堂前に枝を伸ばす花梨樹。
秋になると実が黄熟する。

【DATA】
◉三重県亀山市住山町 660
◉電話＝ 0595-82-2366
◉御朱印場所＝当寺受付
◉参拝時間＝ 8 時～ 17 時

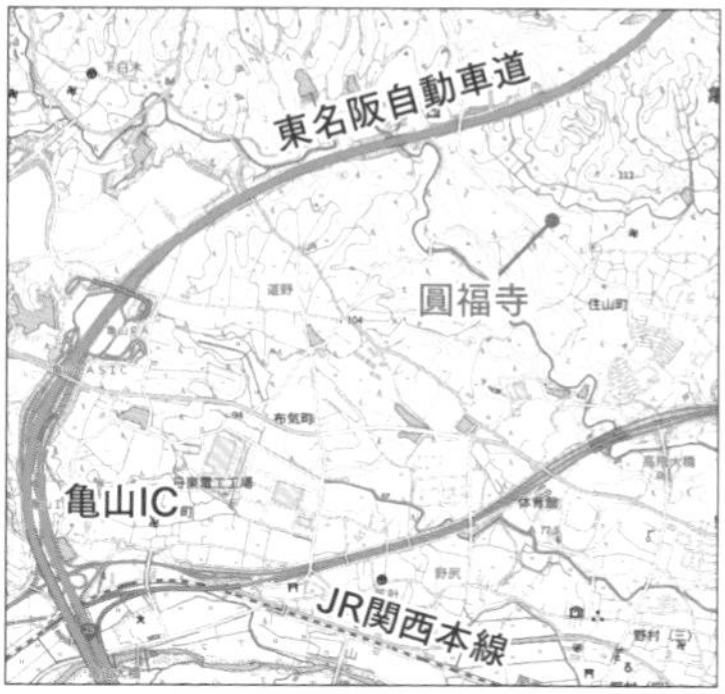

第二十二番

清涼山 宗徳寺 【亀山市】

せいりょうざん そうとくじ

高台に移された観音堂は自治会が管理、千手観音にさまざまな願いを託す

古い集落の中の急坂を上り切ると、高台に建つ寺にたどり着いた。ここからは眼下に瓦屋根の家並みと水田、遠くに緑の丘陵が連なる里山の風景が一望できる。きっと夜には月も美しいところなのだろう。

第二十二番は宗徳寺という、曹洞宗《そうとうしゅう》の寺だ。亀山市街の北に位置し、鈴鹿川に注ぐ支流の一つ、安楽《あんらく》川によって形成された安楽谷と呼ばれる地にある。寺のある両尾《ふたお》町《ちょう》という町名は、明治8年（1875）、安楽川北岸の平尾《ひらお》村と南岸の原尾《わらび》村という2つの尾の付く村が合併したことによる。

宗徳寺は、安楽川の南岸の高台に建つ。境内には、曹洞宗《そうとうしゅう》の本尊・釈迦牟尼《しゃかむに》像をまつる本堂と、そして廊

今から1100年前、醍醐天皇の勅願により観音像が作られたと伝わる。

かつては大きな門をもつ観音堂であったが、江戸時代に高台の現在地に移された。

下でつながる観音堂がある。この観音巡礼で曹洞宗の寺は2ケ寺のみで、珍しい。というのもこちらの観音像は、もともとは100メートルほど離れた地の観音堂にあった。
観音堂がこの高台の境内に移築されたのは江戸時代初めの慶長14年（1609）のこと。内山玉雄住職は、「川の氾濫が原因かもしれませんね」という。安楽谷にはいくつもの川が流れる。大切な観音さまを洪水から守るため、高台に観音堂を移築したのかもしれない。今はかつての観音堂の大門にちなむ大門川に名を残すのみで、跡地には水田が広がっている。

本尊の十一面千手観音像は像高74センチ、一木造。千手にはさまざまな道具を持つ。

現在、観音堂は自治会が管理する。平成4年（1992）、屋根の総葺《ふ》き替えとお堂の修繕が執り行われたが、これも自治会が主に仕切ったという。
観音堂に入らせていただく。中央に厨子《ずし》が置かれ、本尊の千手観音立像をまつる。江戸時代作、高さ74セ

【DATA】

◉三重県亀山市両尾町 208
◉電話＝ 0595-85-1369
◉御朱印場所＝当寺受付
◉参拝時間＝ 8 時～ 17 時

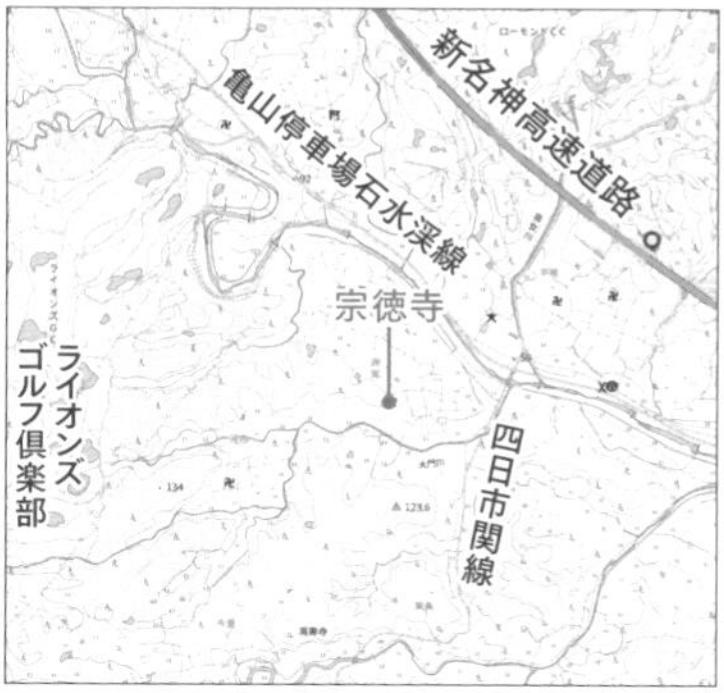

曹洞宗の本堂と廊下でつながる観音堂。自治会が管理する。

鈴鹿川に注ぐ支流の一つ、安楽川の南岸に建つ寺。高台の寺は眺望が良い。

ンチの一木造《いちぼくづくり》で、金色に輝くお姿だ。千手の腕に持つさまざまな道具は、彩色も鮮やかだ。

江戸時代の文献に載るご詠歌《えいか》には、「まふてくる人のいのりを叶へんとせんじゅの誓ひふかきうち山」とある。かつては「内山蓮蔵院《ないざんれんぞういん》」または「内山観音堂」と呼ばれた。

千手観音は、生きとし生けるものをもれなく救うという大いなる慈悲の心をもつ。その特徴は、多くの腕と眼だ。腕の数が多い分、現世利益も多いと考えられた。

例えば、太陽を表わす赤い円は、闇を照らす。月を表わす白い円は病気を癒す。宝珠《ほうじゅ》は宝に巡り会えるなど、それぞれのご利益がある。この千手の観音さまの前で、人々は災難除《よ》け、病気平癒《へいゆ》や安産祈願など、さまざまな願いに手を合わせたことだろう。

人々の願いとともにさまざまな時代を乗り越えてこられた千手観音。拝見しているとここに願う人々が身近に感じられた。（取材　令和3年9月6日）

第二十三番

鶏足山 野登寺

【亀山市】

けいそくざん　やとうじ

三本足の鶏が案内役
「ののぼりさん」の
山上の上寺とふもとの下寺

亀山の人々に「ののぼりさん」と親しく呼ばれる山がある。標高851メートルの野登山である。第二十三番は、この野登山の山頂に建つ野登寺《やとうじ》。ふもとから見上げると山の稜線《りょうせん》ににょきっと2本立つテレビアンテナのあたりに野登寺の上寺《かみでら》がある。筆者は、上寺ではなく、住職がおられる亀山市安坂山町の里に建つ下《しも》寺《でら》を訪ねた。山上の上寺《かみでら》、ふもとの下寺《しもでら》の2つの野登寺はどのように出来たのだろうか。

寺伝によれば、今から1100年前、醍醐《だいご》天皇の夢告により、山上に千手《せんじゅ》観音がまつられていることがわかり、寺を整備したのが始まりという。まずは上寺から出来たのである。その際、天皇の使いを案内したの

安坂山町の集落に建つ下寺。享保２年（1717）、亀山藩主の板倉重治より建立された。

山頂からの遠望（標高 851 m）

が、千手観音が化身した三本足の鶏であった伝承にちなみ、鶏足山という寺の山号が付いた。910年4月7日、寺の落慶《らっけい》法要を行うと、その年、五穀《ごこく》がよく稔った。以来、毎年4月7・8日に五穀祭が行われている。

「今も、この地域の檀信徒の全戸に落雁《らくがん》（菓子）と農家には牛王宝印《ごおうほういん》（災厄除けの護符）のお札をお配りしています」と道山磨輝住職が教えてくれた。

江戸時代の文献『九九五集《くくごしゅう》』によれば、稲作の始めに、苗代《なわしろ》の水口《みなくち》にこの牛王法印と野登寺上寺周辺のクマザサを立て、豊作を祈る習慣があるという。農業に欠かせない水をもたらしてくれる水源地の山と、水田の取水口をともに観音さまのお力で守ってもらおうという信仰が長々と続いていた。

山上のお寺は、五穀豊穣の祈りと結びつき、さらに、かつてこの地域で盛んであった養蚕《ようさん》の隆盛も祈願されるようになっていく。

上寺。醍醐天皇の勅使を案内した三本足の鶏にちなみ「鶏足山」の山号がある。

亀山藩主の板倉重治は、下寺の境内には護摩堂、庫裏、山門、本尊の千手観音を寄進し、藩の祈願所とした。下寺山門。

【DATA】

◉三重県亀山市安坂山町 2033-1
◉電話＝ 0595-85-0729
◉御朱印場所＝下寺受付
◉参拝時間＝ 8 時～ 17 時
◉公式サイト＝ http://yatoji.o.oo7.jp/

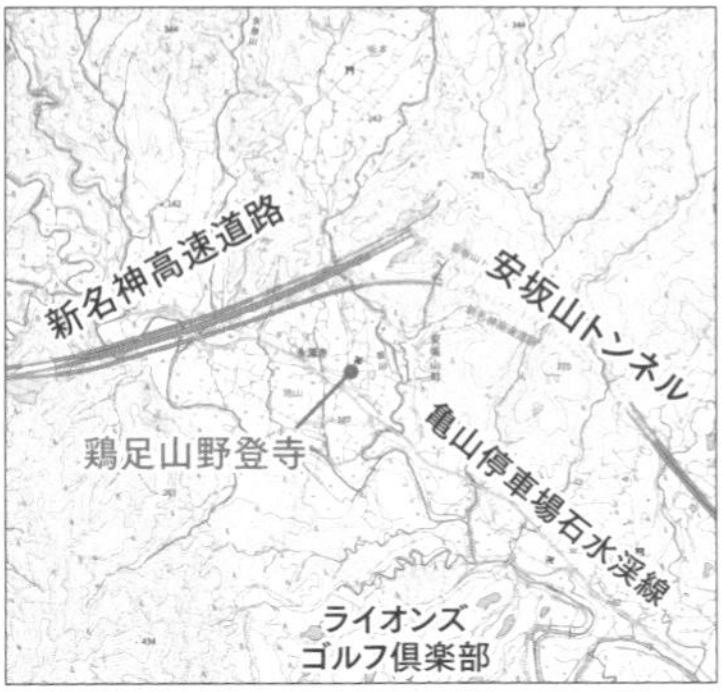

420 年前の天正 11 年（1583）、羽柴秀吉軍により亀山城をはじめ、寺の伽藍はことごとく焼き払われた。その恐怖は長らく語られた。

野登寺に大きな災難がふりかかったのは、本能寺の変で織田信長が倒れた後の覇権を争う頃のこと。羽柴秀吉軍による亀山城攻めの際に、上寺は百名からの修行僧を僧兵と間違われ、全山焼失した。「私が子どもの頃、悪さをすると、〝がもじ〟にさらわれると母親から言われていた」と住職は振り返る。「がもじ」は猛将と恐れられた蒲生氏郷《がもううじさと》のこと。秀吉軍に参戦した氏郷が寺を攻めた際の恐怖が、住職の幼少期の昭和20年代にまでも語り継がれていたのである。「がもじ」恐ろし、である。

そして、江戸時代初め、上寺は再興され、その100年後に亀山藩主の祈願所として、上寺を模してふもとに下寺が建立された。

本尊の十一面千手観音立像は、60年に一度ご開帳される秘仏。平成16年（2004）にご開帳されたそのお姿は、全身が朱色でお顔が黒いという異相《いそう》であったと住職は語る。

野登寺の上寺と下寺。気軽にお参りできる下寺が建立されると、山上の上寺は廃れることが多いが、野登寺は今なお上寺を残す。ゆえに野登山は、「ののぼりさん」であり続ける。（取材　令和3年11月2日）

第二十四番

荒神山 観音寺

【鈴鹿市】

こうじんやま かんのんじ

講談「荒神山の喧嘩」の舞台
鉄砲の流れ弾のあとが柱に残る

「荒神山」といえば、浪曲師・広沢虎造の軽妙な語りをご存じだろうか。賭場《とば》の縄張《なわば》りを巡る浪曲「荒神山の喧嘩《けんか》」の舞台は、じつは観音さまの境内であった。

伊勢西国三十三所観音巡礼の第二十四番は、鈴鹿市高塚町の荒神山観音寺。鈴鹿川の支流、椎山川をさかのぼり、調整池から丘を上がると境内が広がる。荒神山は山ではなく、お寺の山号《さんごう》であった。にこやかに迎えてくれた村上道雄名誉住職は、伊勢西国三十三所霊場会を束ねる会長でもある。

住職はまず、鐘楼堂《しょうろうどう》を案内してくれた。江戸時代の三代将軍・徳川家光の乳母《うば》、春日局《かすがのつぼね》が寄進された梵《ぼん》鐘《しょう》が今も残る。ここは春日局と関わりを持つお寺で

山号はもともとは神事山と称したが、高野山の一字をもらい高神山に。さらに荒神山と書くようになった。

「荒神山の喧嘩」で28歳の若さで亡くなった吉良仁吉を偲ぶ石碑。
浪曲界の重鎮、広沢虎造が建立。

あったのか、その接点が見いだせず、意外であった。
寺伝によれば、寛永17年（1640）、出羽《でわ》三山《さんざん》（山形県）の湯殿山《ゆどのさん》行者・順海《じゅんかい》上人が伊勢神宮へ参る際に眼病を患ったところ、夢告《むこく》によりこのお寺の十一面観音に祈願をすると治癒したため、お寺を再興したという。この順海上人の異母姉にあたるのが春日局であった。梵鐘には、春日局だけでなく、家康の戒名、秀忠の名も刻まれている。春日局の徳川家への思いに触れたように感じた。

徳川三代将軍、家光の乳母、春日局が寄進した梵鐘。

鐘楼堂には、もう一つの歴史も刻まれていた。柱には「荒神山の喧嘩」の際、鉄砲の流れ弾による大きな穴がぽっかりあいていた。なんでも江戸時代末期の喧嘩はお寺の裏山に200人前後が入り乱れての死闘であったという。大都会でもないお寺の境内でなぜ、賭場が開かれていたのだろうか。「おそらく春日局の計らいで公然と博打《ばくち》が打てたのでは」と住職はいう。このあたりは幕府領・神戸《かんべ》藩領・亀山藩領の接する所で、役人の手入れがあったときに逃げるのに都合がよかったとも思われる。喧嘩のあった当日、4

鐘楼堂の柱には、流れ弾のあとがぽっかり残る。

【DATA】

◉三重県鈴鹿市高塚町 1777
◉電話＝ 059-379-0331
◉御朱印場所＝当寺受付
◉参拝時間＝ 8 時～ 17 時
◉公式サイト＝ https://www.kojinyama.jp/

秘仏を納める本堂の厨子。重厚な造り。

山門下

月8日は観音さまの御縁日であった。その日に合わせて博徒《ばくと》たちが集まっていたのだ。

観音さまは50年に一度ご開帳の秘仏。昭和62年（1987）の開創900年にご開帳された。右手に錫杖《しゃくじょう》、左手に水瓶《すいびょう》をお持ちになるという十一面観音だ。本堂に安置された厨子《ずし》は彩色や彫り物が施された精緻《せいち》な造り。四方の軒を支える彫り物は邪鬼《じゃき》を配している。邪悪な鬼をも従える観音さま、である。

村上住職は、伊勢市御薗町《みそのちょう》の出身。永平寺で修行した後、女性3人で守るこの寺を預かることになり50年以上が経つ。23歳で酒、33歳で煙草、さらに鶏肉を絶ち、お寺を守ってこられた。最後に「今は人情がなくなった」とぽつり。お寺をお守りする住職の50年を思わずにいられなかった。（取材　令和3年11月2日）

コラム

災難を乗り越え、今

伊勢西国三十三所観音巡礼で、39の寺を巡り、何より感じたのが、2つの災難を乗り越えて今があるということだった。三重県の北中部の寺を訪ねると、信長軍に焼かれた歴史をたびたび耳にした。今はのどかな田園地帯に建つ寺の厳しい来し方に戦慄《せんりつ》した。

戦国、安土時代の武将織田信長は、全国平定を目指し、京へ上る前年の1566年から伊勢国（三重県）の攻略を始めた。まずは県北部に侵入し、北勢四八家といわれた地方の侍たちを降伏させ、神戸・関・長野の3氏を勢力下に、さらに、南部を治めていた北畠氏を滅ぼすに至る。こうして、信長の勢力は、ほぼ伊勢国全域に及んだ。この信長の伊勢攻略の戦いで寺も焼かれたのだった。武将として人気の高い信長だが、ここ伊勢国では伊勢攻略とともに長島の一向衆の弾圧もあり、少々風向きが異なる。兵火を被った寺は古い歴史をもちながら、古文書の類が焼失している。そのため文書の記録がなく、由緒などは口伝に頼ることになる。残念なことである。そして、本尊は、里の人々などの手によって、土に埋められて難を逃れたという伝承も多く語られている。

信長は、比叡山の焼き討ちで知られるように寺を焼いた。神仏をも畏れない残忍な行いをする一方で、戦乱により滞っていた伊勢神宮の20年に一度の式年遷宮には支援の手を差しのべている。文献によれば、1582年、1000貫（1億～1億5000万円）の援助を神宮側が申し出たところ、その希望額の3倍の3000貫を寄進するよう命じたとある。自刃する本能寺の変の直前のことであったという。伊勢神宮の前には京都の石清水八幡宮の修築に1000貫以上寄進している。

そして、もう一つ大きな災難が、明治時代初めの神仏分離である。

朝鮮半島から伝わった仏教は、もともと日本人が信仰していた神を徐々に仏と融合していく。神仏習合といわれる考え方だ。そのため神社には神を守るための宮寺、神宮寺が建てられていった。神と仏が当たり前のように共存していた時代だ。これが明治になり、新政府の方針として廃されるのである。伊勢神宮のおひざ元である伊勢はとくに厳しく神仏分離が行われた結果、廃寺は200カ所以上を数えたという。観音巡礼では、それは伊勢だけでなく、三重県各地でも行われたことを知った。そして、そのあと必死の努力で復興した寺にも出会った。

紆余曲折を経た寺は、困難を乗り越える知恵と力を刻んでいた。

第三章

四日市・桑名・菰野

北勢地区（元二十五番～番外）

元二十五番

尾高山 観音堂

【菰野町】

おだかさん かんのんどう

ヒノキの美しい参道を行く。その奥の六角堂に聖徳太子ゆかりの観音さま

高くそびえるヒノキの参道。静寂があたりを包む。鈴鹿山脈の中ほど、標高千メートル級の釈迦《しゃか》ヶ《が》岳《たけ》の東麓にある山寺だ。取材を予定していた年末は、積雪のため延期となった。年明けに訪れると、雪は木陰などにまだ残っていた。三重県北部、このあたりは雪が積もる。

伊勢西国三十三所観音巡礼には元《もと》○番という寺がある。これは平成の再編の際に、かつての札所であった寺も組み入れたための表記だ。元二十五番、菰野町杉谷の尾高山観音堂は以前、引接寺《いんじょうじ》として二十五番を名乗っていた。

静かなヒノキ林の奥に、六角形のお堂の屋根が見え

「尾高の観音さん」と親しまれる尾高観音堂。

本尊を安置する六角堂。文化12年（1815）、地元の杉谷の宮大工の増田兵蔵が建てたとされる。

る。本尊の観音さまが安置される六角堂だ。

　こちらの観音は、古代、修験道《しゅげんどう》の開祖とされる役行者《えんのぎょうじゃ》（役小角）にゆかりがある。役行者が諸国を巡り釈迦ヶ岳で修行していたところ、千手観音が役行者と仏縁を結びたいと僧侶の夢に告げ、まつられたのが始まりという。一説には、奈良の大安寺《だいあんじ》の仏像が迎えられたと伝わる。大安寺は、かつて南都《なんと》七大寺の一つに数えられた古寺。その寺の仏像がなぜこの山に移されたのか。

「菰野《こもの》町《ちょう》の隣の大安町は、大安寺の寺領《じりょう》だったともいわれます。おそらく寺は、堂塔の建立に欠かせない良材が欲しかったのでは」と、慈眼寺《じげんじ》の後藤則幸住職が教えてくれた。現在、慈眼寺の観音堂として尾高山観音堂をお守りしている。古代、南都の大寺にとって、建築用の良材が採れる鈴鹿の山を取り込むことがいかに重要であるかがうかがえた。

本尊の秘仏、十一面千手観音は、聖徳太子作と伝わる。毎年４月にご開帳される。

尾高高原のふもと、寺へ続く樹齢300年余のヒノキ並木が美しい。

【DATA】

◉三重郡菰野町杉谷字尾高 2291-2
◉電話＝ 059-396-1440（慈眼寺）
◉御朱印場所＝慈眼寺受付
◉参拝時間＝ 8 時～ 17 時

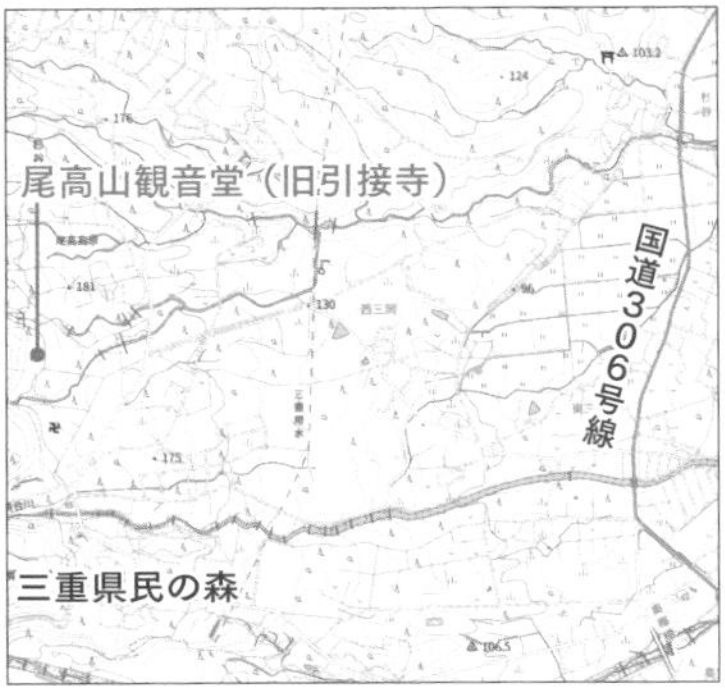

六角堂と廊下でつながる行者堂には、役行者の像が。

毎年4月にご開扉される観音さまは、高さ約1・7メートルの木造十一面千手観音立像。観音さまが岩の上に立たれる岩屋《いわや》台座《だいざ》の古い形をとり、両の手を体躯《たいく》の正面で合わせておられる。この観音さまが聖徳太子の作と伝わるのも、大安寺が、聖徳太子ゆかりの寺とされるからと思われた。

そして、六角堂と渡り廊下で結ばれた行者堂《ぎょうじゃどう》には、役行者像が安置されていた。拝見すると真っ黒なお姿に驚いた。というのも、戦国時代、織田信長軍の兵火に遭い、堂塔はことごとく焼失していた。役行者像はその際にお姿が変わってしまったのかもしれないという。

現在の六角堂は、江戸時代に再建された。珍しい六角形のお堂は、修験者が唱える「六根清浄《ろっこんせいじょう》」にちなみ、六を角にした形という。修験道の役行者に始まる寺の来歴をお堂の形で今に伝えていた。

長い歴史をもつ古刹《こさつ》には、史実を超えた物語が残る。その中に人々の信仰のあかしが刻まれている。

しじまの中、女性が一人、六角堂で手を合わせていた。この寺は気持ちのいい初夏もいいが、雪の冬もゆかしい。（取材　令和4年1月6日）

【解説】江戸時代の巡礼記

江戸時代の伊勢西国はどのような旅であったのか。三重県菰野町の元菰野《こもの》藩士《はんし》の横山家の土蔵から、江戸時代後期の巡礼記が見つかった。これによって、江戸の頃の観音巡礼の様子がさまざまにうかがえ、興味が増した。

巡礼記は、横山家の当主、横山維中《いちゅう》（惟中とも記される）が、江戸時代後期の文化13年（1816）に阿野田（現亀山）在住の豊田氏の「順礼の記録」を書き写したものである。江戸時代、庶民のお伊勢参りも盛んで、寛政9年（1797）にはすでに絵付のガイドブック『伊勢参宮名所図会』が出版されている。

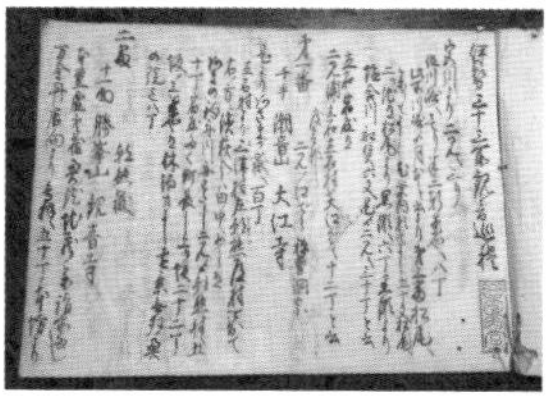

現当主の横山陽二氏によれば、多数の古文書が入った箱から巡礼記は見つかった。筆者の維中は、菰野藩の代官を務めながら、郷土史《きょうどし》を研究し、『古事記』『日本書紀』など日本神話を読み、古墳などの実地調査も行うなど、歴史に造詣の深い人物で、著書も残していた。その上、81歳と長命でもあった。こうした地域の歴史研究家でもあった人物が、話題となっている伊勢三十三所の観音巡礼に興味を覚え、書き写したことがおぼろげながら見えてくる。

巡礼記の始まりは伊勢の河崎から。第3番の松尾寺（松尾観音寺）に参り、案内を頼み、黒瀬より川船で二見浦へ向かう。そこから、第一番の大江寺へ、朝熊村に出て、そこから朝熊山へ登る。上り22丁は茶屋もあり、「遠景無双」と記していることから、満足していることがうかがえる。第二番の朝熊嶽の観音寺（金剛證寺）だが、本堂や奥の院など参詣所多しとある。それは今と変わらない。そこからは磯部へと下り、現在の伊勢神宮別宮の伊雑宮《いざわのみや》へ、鸚鵡《おうむ》岩《いわ》に立ち寄り、猿田彦の森を抜け、内宮前の宇治に至る。ここで内宮に参り、第三番の松尾寺へ向かう。

このように存分に名所を巡り、楽しみながら、観音巡礼をしていたことがうかがえる。今と異なり、もっぱら徒歩と川船を使いながらの旅であったようだ。

菰野町横山家蔵『伊勢三十三所観音霊地巡礼記』札所の一覧

◎は、現存する。○は、寺を変えながらも札所。×は、現在は札所ではない。

一、	大江寺	◎
二、	観音寺	○→金剛證寺
三、	松尾観音寺	◎
四、	長命寺	×
五、	蓮台寺	○→中山寺
六、	世義寺	×
七、	実性寺	○→宝林寺
八、	田宮寺	◎
九、	国束寺	◎
十、	金剛座寺	◎
十一、	近長谷寺	◎
十二、	神宮寺	◎
十三、	長谷寺	◎
十四、	観音寺	◎（恵日山観音寺）
十五、	観音寺	×
十六、	観音寺	◎（白子山子安観音寺）
十七、	林光寺	◎
十八、	附南寺	◎
十九、	安養寺	○→慈眼寺→蓮光寺
二十、	住山寺	○→圓福寺
二十一、	宗徳寺	◎
二十二、	野登寺	◎
二十三、	観音寺	◎（荒神山観音寺）
二十四、	観音寺	◎（垂坂山観音寺）
二十五、	引接寺	○→尾高山観音堂
二十六、	観音寺	○→慈眼寺
二十七、	聖寶寺	◎
二十八、	地高寺	×
二十九、	多井寺	×
三十、	安渡寺	◎
三十一、	勧学寺	◎
三十二、	飛鳥寺	◎
三十三、	法雲寺	○→多度観音堂

第二十五番

補陀洛山 勅願院観音寺

【四日市市】

ふだらくざん ちょくがんいんかんのんじ

全国唯一、4本の足と8つの頭をもつ珍鳥に乗る観音さま。苦しみを救う

「四足八鳥《しそくはっちょう》観音」と呼ばれる観音さまがおられる。なんでも4本の足と8つの頭をもつ鳥に乗られる観音さまという。

第二十五番、補陀洛山勅願院観音寺を四日市市南部の六呂見《ろくろみ》という集落に訪ねた。コンビナートの煙突を臨む地に並ぶ瓦屋根の家や白壁、そして墓地。工業地帯となる以前の四日市の姿を思わせた。

観音寺はもともと現在地より内陸部の日永《ひなが》の登城山《とうじょやま》に建立されたが、16世紀の火災を機に六呂見の地に移った。当時の境内は砂地で、松林の中に寺があったという。

こちらの観音さまは727年、小野の湊《みなと》（大浜町）

竜宮型の楼門は昭和36年（1961）に再建された。

鐘楼の梵鐘は正保元年（1644）作で、戦時中の供出を逃れ、今に至る。

に現れたと伝わる四足八鳥如意《にょい》輪《りん》観音。住職一代に一度のご開帳という秘仏である。

本堂の正面は阿弥陀像さま。鎌倉時代に天台《てんだい》宗から浄土《じょうど》宗に転じたためで、その向かって右側に観音さまの厨《ず》子《し》がある。厨子の前に立つお前立ちも四足八鳥観音のお姿だ。写真を拝見すると、岩上に4本の足で立つ鳥の姿がよくわかる。両翼を大きく広げ、中央に鳥の大きな頭、その周りに小さな頭が7つ。尾は光背《こうはい》のように観音さまの後ろにぐるりと伸びる。その姿は、孔雀《くじゃく》のようであり、霊鳥の鳳凰《ほうおう》をもほうふつとさせる。鳥に乗る如意輪観音坐像は高さ30センチほど、平安後期、香木の白檀《びゃくだん》の代わりに榧《かや》の材で作られた檀像《だんぞう》だ。なぜこのようなお姿なのか、寺にも資料が残っておらず謎とされている。

四足八鳥の如意輪観音は、727年、小野の湊（現在の四日市市大浜町内）に現れたと伝わる。

江戸城へ登城した駕籠が、今も本堂の天井から吊るされる。

本尊の写真

大永2年（1522）、観音の夢告により、登城山から現在地の六呂見に移転。

「四足八鳥は、仏教でいう四苦八苦《しくはっく》につながり、この観音さまがあらゆる苦しみを取り除いてくれるとお伝えしています」と岸聖久住職が教えてくれた。

人生の苦しみを取り除いてくれる観音さまにすがったのは、庶民だけではなかった。戦国時代の後奈良《ごなら》天皇は、伝染病まん延の際には般若心経《はんにゃしんきょう》を書写して災除を祈願したことが知られるが、この寺を勅願所《ちょくがんしょ》と定め、祈願していた。次の正親町《おおぎまち》天皇、御陽成《ごようぜい》天皇も引き続き勅願所としている。

天皇だけではなく武将も珍重した。徳川家康は征夷大将軍になるやいなや寺領の20石を寄進。この寺の住職は正月2日に江戸城に登城し、お茶を献上するのが習わしだったという。その際に使った立派な駕籠《かご》が今も本堂の天井に吊るされている。

観音の厨子の両側には大般若経６００巻が納められた黒い箱が高く積まれている。大正時代、地元の人々などの寄進によって作られた。経本には寄進者の名前が1人ずつ記されていた。寛文5年（１６６５）建立の本堂もまた、平成6年（１９９４）、檀信徒の浄財を得て、大修復されている。人生に苦しみはつきものだが、それを救ってくれる観音さまもまたおられるのである。（取材　令和4年2月4日）

【DATA】

◉三重県四日市市六呂見 1068
◉電話＝ 059-345-0565
◉御朱印場所＝当寺受付
◉参拝時間＝ 8 時～ 17 時

本堂には、厨子前に本尊と同じ姿のお前立ちが。

元二十六番

杉谷観音山 慈眼寺 【菰野町】

すぎたにかんのんざん じげんじ

織田軍の兵火、明治の神仏分離を乗り越え、秘仏の観音像は厨子に

寺に着くと、親子だろうか、野猿が1匹、2匹と、横切っていく。

「お堂の屋根が日《ひ》向《なた》ぼこにいいようですわ」と慈眼寺の後藤則幸住職が出迎えてくれた。元二十六番の慈眼寺は、釈迦《しゃか》ヶ《が》岳《たけ》のふもと、菰野《こもの》町《ちょう》杉谷にある。もともとは天台《てんだい》宗の観音寺であったが、寺名を変え、杉谷の集落の北西に建つ古《こ》刹《さつ》だ。杉の谷という地名通りに、今もヒノキやスギの林が多い。このあたりは、夏は暑くて、冬は寒いため、目の詰まった良木が育つという。

この寺は数奇な運命をたどっている。まずは天正年間に織田信長軍の兵火により、堂塔が灰燼《かいじん》に帰《き》し、現在の集落の中に移された。なんでも杉谷の寺の僧侶が

平成12年（2000）に再建された本堂。本堂に掲げられた寺号額は、観音寺の往時のもの。

釈迦ヶ岳のふもと、菰野町杉谷の集落に移された観音寺が慈眼寺の前身。

鈴鹿の峠越えをする信長を襲ったことへの報復が原因と伝わっている。そんな剛毅《ごうき》な僧兵がこの地にいたのかと頼もしく思った。

そして、明治時代、天台宗の観音寺は、浄土宗《じょうど》の慈眼寺に変わる。改宗は明治政府が出した神仏判然令《はんぜいれい》による廃仏毀釈によってであった。神仏判然令は、それまで神社と寺院が混然とあったのを分ける目的で出されたが、仏像を壊し、寺院を廃するという過激な運動に発展してしまう。それが、この杉谷でも起こり、いったんは観音寺、引接寺《いんじょうじ》、圓導寺を一つにまとめ観音寺として残すとしたが、檀家《だんか》のない観音寺は結局、廃寺に追い込まれた。容赦ない時代である。

しかし、地元では長年、信仰してきた寺をなんとか存続させたいという機運が高まり、伊勢市岩淵町《いわぶちちょう》で廃寺寸前にあった慈眼庵《じげんあん》の名義を譲り受け、三重県の許可を得て、明治20年（1887）に再興するに至った

観音寺の本尊の十一面観音像は、鎌倉時代初期と伝わる。秘仏として厨子にしっかりと納まる。写真は前回の御開帳のもので、祝いの紅白餅が供えられている。

スギやヒノキの美林に覆われた杉谷。鈴鹿の峠越えの道にもあたる。

【DATA】

◉三重県三重郡菰野町杉谷 1797-1
◉電話＝ 059-396-1440
◉御朱印場所＝当寺受付
◉参拝時間＝ 8 時～ 17 時

織田信長軍の兵火、明治の神仏分離など、寺は数奇な運命をたどった。桑名藩士の松平定信の位牌も。

のである。明治の神仏分離は、それぞれの寺が困惑し、混乱し、なかには存続のために奔走《ほんそう》したところもあった。そんなリアルな混乱が伝わってきた。

平成12年（２０００）に再建された本堂。再建にあたっては地元のヒノキ材が用いられた。本堂の中央に大きな厨子《ずし》があり、その前にお前立ちの阿弥陀像《あみだぞう》が立っている。浄土宗の寺であるので、本尊は阿弥陀さまだ。その右側に善導《ぜんどう》大師像、左側に法然《ほうねん》上人像を安置する。しかし、厨子に納められているのは、じつは十一面観音と聞いて、驚愕した。

観音寺の本尊の秘仏、観音さまは、今も厨子の奥におられるのだ。ご開帳は33年に一度、前回の平成10年（１９９８）前後の際の写真を拝見した。高さは50～60センチほどで、左手に水瓶《すいびょう》をもつ十一面観音立像である。ふっくらとした体躯《たいく》で、お顔も大きい。鎌倉時代初期のものという。

そして、この寺には桑名藩主の松平定信の位牌《いはい》も残されている。一筋縄ではいかないこの寺のたどってきた道がうかがえた。

帰路、野猿はもう出てはこなかった。

（取材　令和4年1月6日）

第二十六番

垂坂山 観音寺

【四日市市】

たるさかさん かんのんじ

自作の千手観音
元三大師良源ゆかりの古刹に
「角大師」を配る寒行も。

四日市市街から車で15分ほどの丘陵地。大八知《おおやち》地区垂坂町あたりの集落では、2本の角を持つ奇妙な鬼の護符《ごふ》（紙札）が玄関に貼ってある。「元三大師《がんざんだいし》」と呼ばれる比叡山延暦寺《ひえいざんえんりゃくじ》の良源《りょうげん》ゆかりの厄除《よ》けの「角大師《つのだいし》」である。京都などではよく見かける「角大師」だが、三重県の集落で見つけるのは珍しいことだった。第二十六番の垂坂山観音寺。この寺が、「角大師」を各戸に配っていた。

「毎年1月初めの寒《かん》の入り（小寒）から2月節分の前日までの間に、玄関先で読経して、護符を配る寒行《かんぎょう》をするのが習わしなのです」と、吉田眞圓住職が教えてくれた。かつての広大な寺の境内地を中心に千軒以上

「垂坂山のお大師さん」「元三さん」と呼ばれ、信仰を集める古刹。

元三大師良源ゆかりの魔除けの護符「角大師」。寺でも授与される。

寺には、平安時代後期の木造薬師如来立像、鎌倉時代の木造地蔵菩薩坐像などが伝わる。
本堂の隣に、観音堂が建つ。

観音堂に安置される千手観音立像は、
元三大師作と伝わるが、不明。

を一軒ずつ巡るという。

垂坂山観音寺は９２８年、若き日の良源が朝明《あさけ》郡（現在の四日市市）の領主、舟木《ふなき》良見《よしみ》より寄進を受け、この地にお堂を建立したことに始まる。そののち、この地方の天台宗の拠点として栄え、最盛期には24もの坊（僧侶の住居）を数えるほどであったという。

しかし、織田信長軍の兵火にかかり、お堂などは灰《かい》燼《じん》に帰した。再興されたのは江戸時代の元禄《げんろく》の頃、桑名藩主によってであった。

苦難の時代も、垂坂山の仏像は守られていた。本堂に入ると、中央に立派な護摩壇《ごまだん》が据え置かれている。

そして本堂の奥の収蔵庫には、木造慈恵《じえ》大師（元三大師）坐像が安置されていた。南北朝時代作で重要文化財になっているこの仏像は、信長軍の焼き討ちの際には穴を掘って、土に埋めて守ったと伝わっている。

　観音さまは、本堂の隣、観音堂に安置されている。こちらの千手観音立像は、元三大師こと良源が自作したと伝わる。しかし、調査はされておらず、時代や寸法など詳細はいまだ不明だ。

　良源は、母親が観音さまに安産と男子出生を毎日のように祈願し、誕生したため、観音の生まれ変わりという伝承がある。良源と観音さまは出生時に関わりをもっていたのだ。

　帰路、吉田住職が良源ゆかりの場所へ連れて行ってくれた。なんでも良源が地元の行者と法力《ほうりき》比べをした際、行者は小高い山を作ったに過ぎなかったが、良源がもっこ（土砂などを運ぶ用具）に土を盛り、法力《ほうりき》をかけるとさらに大きな山を作ってみせたという。それが良源ゆかりの「大師塚」と伝わる。今はこんもりとした林となっており、目印のように鳥居が立つ。お参りする人がいるのだろう、賽銭《さいせん》が置かれていた。明治時代、大師塚を削って道を作ろうとしたが、結局中止になったと伝わる。この里の元三大師への信仰に触れ、改めて「角大師」を見ると、にやりと笑っているように感じた。（取材　令和4年3月24日）

良源の法力の大きさを物語る大師塚が残る。

【DATA】

◉三重県四日市市垂坂町 1266
◉電話＝ 059-331-5448
◉御朱印場所＝当寺受付
◉参拝時間＝ 8 時～ 17 時
◉公式サイト＝ http://kannonji.me/

第二十七番

富田山 長興寺

【四日市市】

とみださん ちょうこうじ

漁師町、富田六郷の祈願所は かつては鯨供養も。今はバリアフリー仕様

近鉄富田駅から駅前商店街をぶらぶら。5分もかからず寺に着く。第二十七番の長興寺は、富田山の山号《さんごう》の通り、かつて富田六郷《ろくごう》と呼ばれたこの地域の人々の祈願所であった。東に伊勢湾に面した富田地区は漁師町として栄え、今なお8月には荒海で鯨を追う捕鯨《ほげい》を再現した民俗行事「鯨船神事」が行われる土地柄だ。「海岸線は埋め立てで遠くなりましたが、潮の香は時折しますよ」と、吉田高明住職が迎えてくれた。

また、長興寺の背後には旧東海道が通っていた。江戸時代、富田は桑名宿と四日市宿の中間にあたる「間《あい》の宿」として賑《にぎ》わい、焼蛤《やきはまぐり》が人気であったという。桑名の焼蛤は、じつは富田の焼蛤とも。海とのつながり

平成13年（2001）に再建された本堂。誰もが参拝できるようにバリアフリー仕様となっている。

鯨取神事

本堂の中央に、本尊の対日如来が安置される。

が深い土地柄であることがうかがえる。
長興寺は７２２年、諸国を行脚していた泰澄《たいちょう》という僧侶が夢告《むこく》によって大木から一日一夜にして大日如来《だいにちにょらい》を彫り、安置したのが始まりと伝わる。当初は真言宗であったが、江戸時代、曹洞宗《そうとうしゅう》に宗旨《しゅうし》変えをしても本尊は大日如来のままである。
観音さまは、本尊の大日如来像の向かって右側におられた。高さは70センチほどだろうか、お顔がふっくらとして、腰をきゅっとひねったお姿。左手に水瓶《すいびょう》を持ち、下げた右手で手招きされる聖《しょう》観音立像だ。調べてもらったが、製造年代など詳細は不明という。

本尊の向かって右側に、
聖観音立像が安置される。

この寺は創建当初は、貧困者を救う悲田院《ひでんいん》であったと伝わる。というのも、１５６４年に現在地へ移る以前は、２００メートルほど離れた鳥出《とりで》神社に隣接して建っていたとされる。鳥出神社は鯨船神事で知られる長い歴史をもつ神社で、富田六郷の人々の総氏神として信仰を集めてきた。その神社が「ひでんさん」とも呼ばれることから、長興寺との深い関わりが指摘されているのだ。長興寺では以前、鯨供養《くじらくよう》を行っていたという。

　この寺は、中世には織田信長軍の兵火で焼失し、また江戸時代の安政《あんせい》の地震で被災し、さらに明治時代には庫裏《くり》が小学校に、本堂が中学校の仮校舎として使われた。

　明治12年（１８７９）に再興されるも昭和の時代にはこの地方を襲った伊勢湾台風で浸水するなど、多くの災難を乗り越えてきた。

　そして、平成15年（２００３）現在の二階建ての本堂が完成した。鉄筋コンクリート造りと従来とは趣を変えたが、そこには誰もが参拝できるようバリアフリー仕様を施すという吉田住職の思いが込められていた。たしかに本堂には段差はなく、フラットだ。誰もが参拝できる寺、これも地域の寺としてのひとつのかたちであると思った。（取材　令和4年4月5日）

【DATA】

◉三重県四日市市富田 3-1-16
◉電話＝ 059-365-2595
◉御朱印場所＝当寺受付
◉参拝時間＝ 8 時～ 17 時

昭和 27 年（1952）に境内地に道路が通り、寺の様子が一変する。境内には、地蔵尊と十六羅漢も。

第二十八番

龍王山 宝性寺

【四日市市】

りゅうおうざん　ほうしょうじ

旧東海道に面した境内には寺も神社も建つ。本尊の不思議な「御足」も。

旧東海道沿い、四日市市蒔田《まきた》の「まいたの観音さん」と呼ばれる宝性寺が、第二十八番となる。この界わいは、そうめん作りがかつて盛んで、今も製麺所《せいめんじょ》がある。

寺の入り口には、右に「宝性寺」、左に「御厨神明《みくりやしんめい》神社」と刻まれた石柱が両側に立っている。天照大御神《あまてらすおおみかみ》を祭神とする神明神社も一緒にまつられているようだ。ここでいう御厨とはかつて伊勢神宮に奉納する水田のこと。このあたりの水田から伊勢へ米が運ばれていたことになる。

鳥居をくぐって、参道を進む。神明神社は本堂近くにいささか控えめに建っていた。明治時代の神仏分離

740年、聖武天皇の勅願により建立されたと伝わる。現在地から西へ300メートルのところに、「宝性寺」「堂前」という地名が残る。

本尊の十一面観音像は、良弁僧正の作と伝わる。

以前の、神社とお寺がともに境内に建つ神仏習合《しんぶつしゅうごう》の「かたち」が見事に残っている。

宝性寺の本尊、十一面観音立像は数え17年に一度のご開帳の秘仏で、良弁《ろうべん》が彫ったと伝える。良弁といえば奈良東大寺の初代別当《べっとう》を務め、二月堂の「お水取り」を始めた高僧だ。しかし、この寺では滋賀県の石山寺を開いた事績を優先する。石山寺の観音信仰をあやかってのことだろうか。

宝性寺は住職が不在で、地域の人々の手により守られている。取材時も本堂隣に立つ蒔田第一自治会の集会所で、地元の5人の方がていねいに迎えてくれた。

瓦屋根の集会所は平成10年（1998）頃の火災で焼失した後、再建されたもの。なんでも、本堂の北側から出火したが、本堂は焼けずに集会所が焼失。しかし、集会所に安置してあった西国三十三所の観音様は無事に残ったのだという。その三十三観音は火災後に修復され、ピカピカのお姿で眼前に並んでいた。「奇跡の蒔田《まいた》観音様といわれまして」と皆さんが誇らしげに当時を振り返る。

この寺には不思議な「御足《みあし》」も残る。江戸時代中期、本尊の御足が見当たらないので、信者が御足を仏師に作らせたところ、本尊の御足が戻っていた。その夜、信者は夢告で、御足は難病で両足を患う人に貸したが、病が治ったので両足が返ってき

三間四方の入母屋造の本堂は、四日市市有形文化財。

境内には、神明神社もまつり、神仏習合のかたちを残す。

たと本尊から教えられる。そのため、新しい「御足」は不要となったが、これを拝むと足のさまざまな難を逃れるという新たな信仰を生む。小さな「御足」は、爪も彫られた精緻《せいち》な造りだ。

おそらく東海道を歩いた旅人も旅の安全を祈ったに違いない。

蒔田地区には、「ごはんさん」の当番が残る。輪番《りんばん》で一週間、仏前にご飯をお供えするのだ。この地域は団地ができ、人口も増えているが、新旧関係なく、当番は巡ってくる。寺の裏の広場では子供たちが遊んでいた。「まいたの観音さん」は地域の人々の中におられた。（取材　令和4年4月5日）

旧東海道に面して建つ。多くの旅人が立ち寄ったことだろう。

今も寺に伝わる「御足」。足の難を逃れるという信仰が。

精緻な彫刻

【DATA】

◉三重県四日市市蒔田 2-12-26
◉電話＝ 059-365-5411（世話人宅）
◉御朱印場所＝当寺横前川製麺所
◉参拝時間＝ 8 時～ 17 時

第二十九番

鳴谷山 聖寶寺

【いなべ市】

めいこくざん しょうぼうじ

仏教の教えを表すような回遊式庭園の名園は紅葉の名所最澄ゆかりの滝も。

鈴鹿山脈の山塊がみるみる大きくなる。その塊の一つ、藤原岳《ふじわらだけ》を登る。第二十九番・鳴谷山聖寶寺は、藤原岳の一合目にあたり、標高277メートルに建つ古い寺である。秋の紅葉の名所として知られる。

寺の入り口となる石段下から、大きなイチョウの木と鐘楼堂《しょうろうどう》を仰ぐ。石段を上がると、ヒグラシの「かなかな」という美しい声が降ってきた。眼前には本堂、そして左手には鏡池が静かに水をたたえている。その水面は、青カエデを映し、水中にもう一つの別世界が広がるよう。築山《つきやま》や池縁《いけぶち》の石組は苔《こけ》むし、この山の白石とのコントラストが侘《わ》びた風情だ。平安時代作の地泉回遊式《かいゆうしき》庭園といわれる。

平安時代初期、天台宗の開祖、伝教大師最澄の開創と伝わる。

藤原岳の一合目に建つ寺は、紅葉の名所と知られる。

そして、もう一段上がると、今度は浄土池《じょうどいけ》が広がっていた。中央の小さな島には弁天堂《べんてんどう》が安置され、太鼓橋が架かる。山水を引く池は水底が透けて見える。この池は枯れることはないというが、そうした伝承にもうなずける神秘的なものを感じる。

「初めて、この寺に来た時、本堂と庭を前にして、山の空気が一気に体に入ってきたように感じました」と中井泰山住職が教えてくれた。仏教の教え「山川草木《さんせんそうぼく》悉皆成仏《しっかいじょうぶつ》」（自然界のすべての存在に仏性を宿す）をあたかも表しているような景色に思う。

天正８年（1580）、織田信長軍の兵火に、この山寺も焼かれた。その後、江戸時代中期に大圓宝鑑愚堂国師により再興。禅寺となる。

藤原期の地泉回遊式造園と推測される庭園は、造園当時のままに保存され、雅な風情を漂わせる。

聖寶寺は、平安時代、比叡山《ひえいざん》に天台宗《てんだいしゅう》を開いた最澄《さいちょう》を開祖と伝える。しかし、戦国時代、織田信長軍の兵火により焼失する。再興されたのは江戸時代、そこから禅宗《ぜんしゅう》の寺として歩んできた。

本堂は開創1200年祭の平成22年（2010）、改装された。内陣《ないじん》中央に置かれた金色に輝く厨子《ずし》、そのお前立《まえだ》ちも金箔をまとう十一面千手観音菩薩像だ。しかし、最澄作とされるご本尊は金色ではなく黒いお姿だという。なんでも織田軍の兵火を逃れるため土中に埋めたからと伝えられてきた。像高50〜60センチの十一面千手観音菩薩立像は修復の際、江戸時代初期であることが分かった。それでも金箔《きんぱく》は施さず、黒いお姿のままにしたと住職はいう。伝承の黒い姿をとどめるご本尊は毎年、紅葉が見ごろとなる11月第3日曜にご開帳される秘仏である。

【DATA】

◉三重県いなべ市藤原町坂本 981
◉電話＝ 0594-46-8101
◉御朱印場所＝当寺受付
◉参拝時間＝ 8 時〜 17 時
◉公式サイト＝ https://www.shoubouji.com/

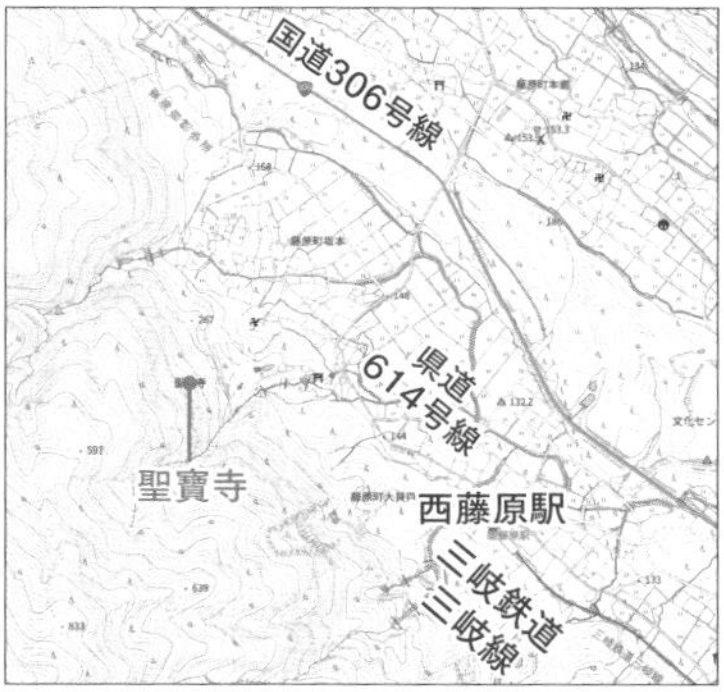

山号の由来となる鳴谷滝。涼風が吹く別天地だ。

最澄ゆかりの滝がある。山に入って谷が鳴くところに寺を建てよという最澄の命のもと、滝を見つけ、建てたのがこの寺の始まりという。山号の鳴谷山の由来にもなる鳴谷滝は、今も谷に音を響かせている。里の酷暑とはほど遠く、この滝前には涼風が吹く。境内の70本ほどのカエデが薄らと色づくのも間もなく「かなかな」はツクツク法師の声に代わることだろう。季節の美しさを味わいつくしたい山寺である。

（取材　令和4年8月2日）

カエデの青を映す鏡池。

池の中央に弁財天をまつる島へは橋が架かる浄土池。

第三十番

星川山 安渡寺

【桑名市】

ほしかわざん あんどじ

風通る丘に「星川の観音さん」。かつての川港や市場の賑わいを彷彿

桑名市郊外、桑名インターチェンジから県道を西へ進むと大がかりな宅地造成が進んでいた。また新たな町が生まれるようだ。第三十番・星川山安渡寺は、開発が進む県道沿いから少し入った桑名市星川の集落にある。赤い手すりの付いた長い石段の上に本堂が見える。

星川という地は、鈴鹿山脈の最高峰、御《お》池岳《いけがたけ》を源に、いなべ市、東員《とういん》町、桑名市を流れ下る員弁《いなべ》川《がわ》の左岸にある。古くは平安時代、員弁川の水運を利用した市場が開かれ、川港もあったという。新しい町の近くに、千年以上前に開かれた町があった。

石段を登り、本堂にたどり着くと、眼下に集落と

鎌倉時代前期の文献には、すでに観音堂があり、湯を沸かして施行したことが記されている。

本尊の聖観音菩薩立像は、昭和33年（1958）桑名市指定有形文化財に指定された。
安渡寺蔵
桑名市博物館写真提供

青々とした水田が広がり、遠くに鈴鹿の山々が連なっているのが望める。酷暑の夏でも風がよく通る。
「ここは周囲に遮《さえぎ》るものがないので、鈴鹿山脈からの風が直にあたります。夏はいいのですが、冬の強風は厳しいですよ」と話すのは、多度町の徳蓮寺と兼務する伊藤勝道住職だ。寺のある丘はこのあたりの集落の風除けにもなっているという。

　本堂は昭和48年（1973）に先代の住職の時代に再建された。檀家《だんか》はないが、地元の星川、中山町、森忠地区の信徒の寄付によってまかなわれた。朱塗《しゅぬ》りの柱をはじめ、四季折々の花が描かれた格天井《ごうてんじょう》、内陣《ないじん》の天女の図などが今なお鮮やかだ。ここで毎月10日に10

本尊は秘仏。33年に一度のご開帳のため、お前立ちが安置されている。

鈴鹿山脈からの風があたる丘に建つ本堂。昭和48年（1973）に再建された。

人ほどが集まり、ご詠歌《えいか》を唱える。コロナ禍でも責任役員が来て、ご詠歌を唱え、そして下げた供物を各戸に配っていたというから、地域の信仰の深さがうかがえる。

本尊の聖《しょう》観音立像は、33年に一度のご開帳が守られる秘仏だ。厨子《ずし》の前には本尊を似せたお前立《まえだ》ちが安置されている。星川に市場が開かれていたという平安時代作とされ、桑名市指定文化財の第一号になっている。「お前立ち」の仏身は高さ1尺（約30センチ）ほどの小さな像だ。ヒノキの一木造《いちぼくづくり》で、左手に蓮花を持ち、五指を伸ばした右手は、胸前で手のひらを外に向ける。

これは施無畏印《せむいいん》といって、人々に畏怖《いふ》の心を取り除いて救うことを象徴するという。そして、少し微笑まれたような柔らかな面差《おもざ》しはやさしげだ。「星川の観音さん」と親しく呼ばれ、さらには子安観音として安産祈願されるのも、合点がいく。

本堂を辞すると、正面に背の高い木柱が立っていた。平成27年（２０１５）に行われた本尊のご開帳に立てられた卒塔婆《そとば》という。その際には着飾った稚児《ちご》行列が百人に上ったと聞いた。風強い丘であるけれど、卒塔婆は傾くことなく、揺るぎない。それは地域の人々の「星川の観音さん」への思いにも通じていると感じた。

（取材　令和4年7月7日）

【DATA】

◉三重県桑名市星川 448-10
◉電話＝ 0594-31-8891
◉御朱印場所＝当寺受付
◉参拝時間＝ 8 時～ 17 時

平成 27 年（2015）のご開帳の際に立てられた卒塔婆。

第三十一番

走井山 勧学寺

【桑名市】

はしりいざん かんがくじ

水飲み龍も、刀鍛冶・村正も欲した走井。矢田城主が信仰した千手観音

桑名の知る人ぞ知る桜の名所、走井山公園。見頃に訪れたときには、一面の桜に魅せられた。第三十一番・走井山勧学寺は走井山公園に隣接する。三岐鉄道北勢線馬道駅の踏切を渡ると、勧学寺へ続く石段を上がる。途中、「伝村正《むらまさ》屋敷跡」の看板を見つけた。室町時代から江戸時代にかけて桑名で作刀した刀鍛冶《かじ》、村正の鍛冶場《かじば》があったという。徳川将軍家に仇《あだ》なすという妖刀《ようとう》、村正はここで作られたのか、と丘陵地の茂みをしげしげと眺めた。

走井山の山名は、水が走り出るほどの井戸に由来するといわれる。大量の水を必要とする作刀には、適していた地なのだろう。

聖武天皇の代、行基の開創と伝わる。室町時代までは走井山の北麓にあったとされる。

村正の鍛冶場があったとされる走井山。

走井山は室町時代、北伊勢地方に勢力を持った矢田家が城を築いたが、織田信長軍により落城。その矢田城跡に江戸時代、桑名藩主の松平定重によって勧学寺が再建されたという。

現在の本堂は、廃寺となり荒廃していたところを近在の信者有志の尽力によって、明治初期に再興されたものだ。

本堂の天井には、「水飲み龍」と呼ばれる龍が大きく描かれている。なんでも、この龍は夜になると本堂を抜け出し、山麓にある井戸（走井）に水を飲みにいくので、龍が動けないように鉄のクサビが打ち込まれたという。今も、龍のこめかみにはクサビこそないが、その穴がくっきりと空き、痛ましい。

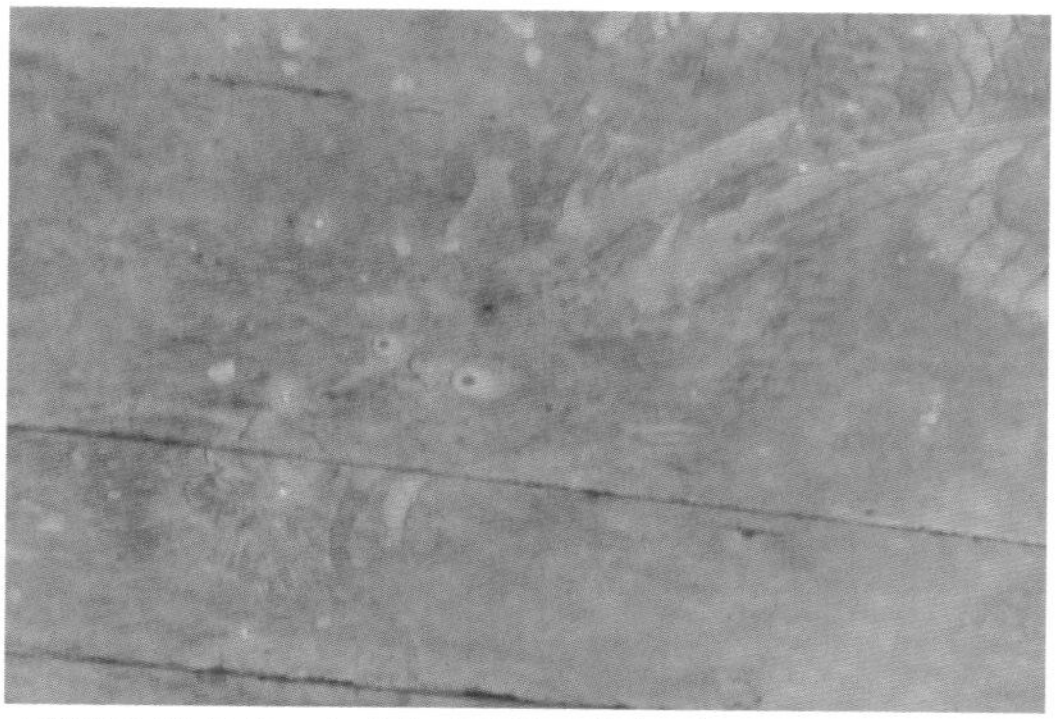
本堂の天井には、大きな「水飲み龍」が。
今もクサビの穴がくっきりと残る。

本尊は、矢田城の城主が信仰していたという千手観音立像である。ご開帳は8月9、10日の「十日観音」に行われる。本堂内陣の中央に置かれた黒い厨子《ずし》を特別に開けてもらうと、およそ6尺（163センチ）の一木造《いちぼくづくり》の観音さまがおられた。大きなお顔にがっちりとしたお身体。千手の御手は厚みがあり、今にも動き出しそうだ。平安時代後期の作で、三重県の文化財指

【DATA】

●三重県桑名市矢田 266
●問い合わせ先＝ 0594-22-0199（大福田寺）
●御朱印場所＝大福田寺受付
●参拝時間＝ 8 時～ 17 時

海蔵寺が廃寺となったため、本尊、千手観音立像を勧学寺に移し、安置。走井山矢田城主の矢田氏が深く信仰したという。

桜の名所と知られる走井山公園。風光明媚な高台に。

定。しかし、破損が甚だしく、千手の御手も多数欠けていたため、昭和39年（1964）に補修復元された。

この観音像には対になっているという観音像がある。東明山《とうめいざん》海善寺《かいぜんじ》の元木観音堂の千手観音像だ。2体の写真を比べると、元木観音堂は十一面千手観音立像で、千手の御手も細い、趣が随分と異なるのだが、一対という伝承は何を物語るのか。

無住の寺だが、毎月17日、兼務する大福田寺の宇賀淳孝住職と地元の人々が一緒にお参りをする。当初は住職1人であったが、徐々に増えていったという。訪ねた時は境内を掃除する男性と、猫がいた。

走井山の桜の見頃に、また寺を訪ねたくなった。

（取材　令和4年9月7日）

第三十二番

雨尾山 飛鳥寺

【桑名市】

あまおざん ひちょうじ

揖斐川の高台に建つ寺は
雨止めの祈祷も。
木曽三川とともに生きる地

飛鳥寺と書いて、「ひちょうじ」と読む。なんでも大阪府と奈良県の境に横たわる生駒山《いこまやま》から鳥が飛んできたことに由来する名という。なにやらロマンを感じる寺名である。第三十二番・雨尾山飛鳥寺は木曽三川の揖斐川《いびがわ》を見下ろす桑名市下深谷の高台に建つ。天気が良ければ広々とした濃尾《のうび》平野やその向こうに御嶽山《おんたけさん》も望むことができる眺望の地だ。

飛鳥寺は寺が廃され、仏像が壊されるという廃仏《はいぶつ》毀釈《きしゃく》が吹き荒れた明治時代初めに、この高台に移された。創建は弘法《こうぼう》大師ゆかりとされる古刹《こさつ》だが、元亀2年（1571）織田信長軍の兵火によって焼失。揖斐川右岸にあった中世の城もこの時代にことごと

高台にある境内からは、木曽三川を眼下に、名古屋市街から濃尾平野が一望できる。

く信長軍に焼かれている。

寺はある出来事をきっかけに復興される。江戸時代前期、桑名藩士の南條《なんじょう》佐《さ》太《た》衛《え》門《もん》宗親《むねちか》が念持《ねんじ》仏《ぶつ》の地蔵像を安置する場所を探していたところ、飛鳥寺の観音像の首を見つけた。そのため、そこに寺を再興したという。また、桑名藩主と関わる伝承も残る。桑名藩主の松平定綱は目が悪かったが、寺にある瓶《かめ》の水で洗ったところ、快癒《かいゆ》したという。以来、歴代藩主が参拝したともいわれる。

織田軍の兵火で焼失した寺は、桑名藩士の尽力で再興。その後、明治初めの廃仏毀釈の頃に、高台の現在地に移される。

本尊の十一面観音立像は、黒塗りの大きな厨子に納められている。

本堂に入ると、正面に大きな厨子《ずし》があった。黒漆《こくしつ》塗のどっしりとした厨子である。本尊の十一面観音立像は、こちらにおられる。毎年4月花祭りと、8月10日にご開帳されるが、特別に拝見させていただいた。厨子の大きな扉が開くと、中は黄金に輝いていた。そこに6尺（約1メートル80センチ）の大きな観音さまがすっくと立っている。手を合せ、仰ぎ見る。金色の御身、右手を下げ、左手に水瓶を持つ。御衣《おころも》には、細かな模様がびっしりと施されている。仏像などに施す金《きん》箔《ぱく》技法の一つ、截金《きりがね》だ。截金は金箔を張り合わせて細く切ったものを、仏像がまとう衣類などに張り合わせていく古い技法。今では幻ともいわれる貴重な工芸品

本尊の十一面観音立像は1メートル80センチほど。観音像の御衣には、金箔技法の一つで、貴重な截金が施されている。8月10日と4月の花祭りの際にご開帳される。

【DATA】

◉三重県桑名市深谷町 2386
◉電話＝ 0594-29-2019
◉御朱印場所＝当寺受付
◉参拝時間＝ 8 時～ 17 時

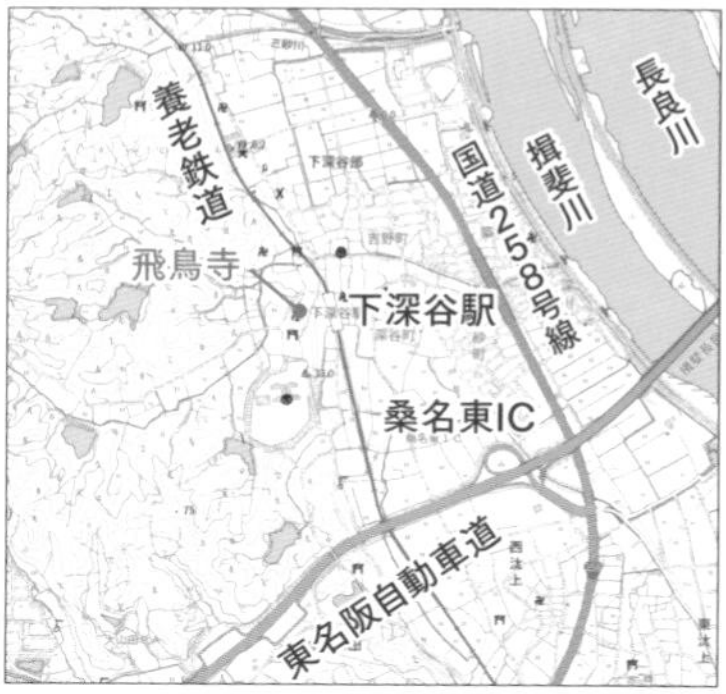

だ。それをここで目の当たりにした。

「この観音像を見ると、いかに人々の信仰が篤かったかがわかります」と藤田倫範住職はしみじみと言う。

また、この寺は、雨止めの祈願が行われたようだ。以前祈祷したところ雨が止み、洪水を逃れた日にちなみ、8月10日にご開帳されるという。伊勢湾台風でも、この地区はすんでの所で洪水を逃れたが、その際にもこの観音さまのおかげといわれた。木曽三川の河口に位置する地域にとって、脅威である洪水と寺の信仰は結びついていたようだ。悠々と流れる木曽三川、人々はこの大河とともに生きていたのだ、と改めて思った。

（取材　令和4年10月7日）

かつては寺領千石、十二坊の寺院の建築物が並ぶ真言密教の名刹。

第三十三番

多度観音堂【桑名市】

たどかんのんどう

神仏習合が早くから始まった多度。その歴史の刻む観音堂に2体の観音像

三重県北部、桑名市多度町《たどちょう》に「北伊勢大神宮」と呼ばれる神社がある。多度大社《たどたいしゃ》だ。祭神が、伊勢神宮の天照大御神《あまてらすおおみかみ》の御子神《みこがみ》、孫神にあたるため、伊勢神宮と併せてお参りする習わしが伝わる。

第三十三番は、まるで多度大社の境内に建つような多度観音堂だ。「千手《せんじゅ》観音」と「十一面観音」と記された白い幟《のぼり》が両側に立つ石段を登る。こぢんまりとした観音堂の一段高くなった内陣《ないじん》の中央に、千手観音立像と十一面観音立像が並び置かれている。2体は、像高110センチほどの大きさやお姿がどこか似ていて一対に思えるほどだ。しかし、この2体の観音像は製作年代も来歴も異なるという。

多度山のふもと、多度大社に隣接する観音堂。十一面観音と千手観音の白い幟が目印。

まず、千手観音の来歴は、地名に残る。多度観音堂から多度大社へ行く途中にある、千手橋と千手坂だ。ここは、室町時代に起きた大地震により行方がわからなくなっていた千手堂の千手観音が発見された場所で、千手坂と名が付いたのだ。

かつて多度大社の周囲は今とは異なる風景が広がっていた。戦国時代には寺院が70、僧侶は300人あまりを数えたほど。しかし、その寺院は、織田信長軍の兵火により焼き払われてしまう。江戸時代、桑名藩主により神社は復興するが、周辺の寺々は衰退し、さらに明治初めの神仏分離令によりほとんどの寺が廃されてしまう。数多の仏像も流失したことだろう。

もう一方の十一面観音像は、地元の方がまとめた由緒書きによれば、かつての宝《ほう》（法）雲寺《うんじ》の本尊という。

観音堂から多度大社へは、千手橋を渡り、千手坂を登る。行方がわからなくなっていた千手観音が発見されたことにちなむ。

観音堂の内陣には、千手観音と十一面観音の２体の立像が並ぶ。

【DATA】

◉三重県桑名市多度町多度山下 1613
◉電話＝ 0594-48-2037
◉御朱印場所＝多度大社受付
◉参拝時間＝ 8 時～ 17 時

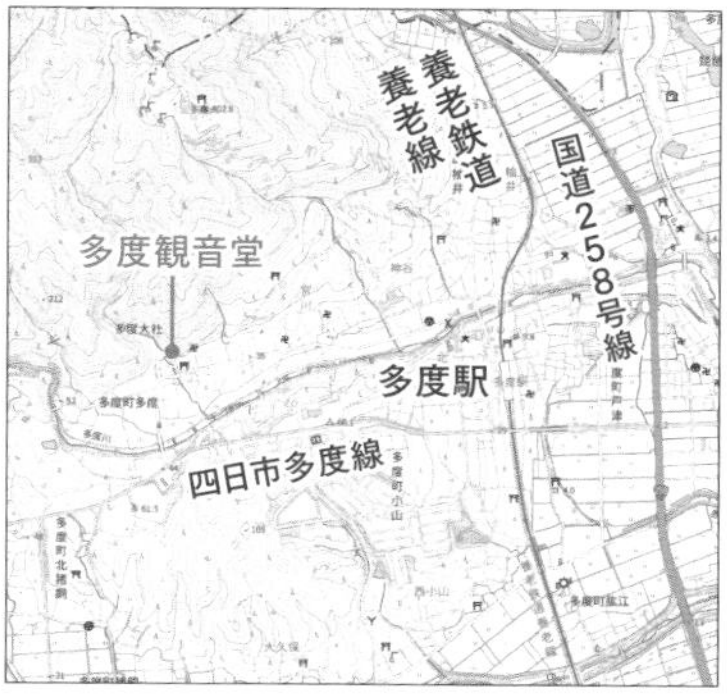

神社を守る多度神宮寺は、奈良時代、満願禅師が創建。多度は全国的にも早い時期に「神仏習合」が始まった地。観音堂前には満願禅師の石碑が建てられ、毎年供養も行われる。

宝雲寺は平安時代、遣唐使船《けんとうしせん》に乗った小野篁《おののたかむら》が大風で船が大破した際、一命をとりとめたのはこの寺の観音のおかげと、以来熱心な信者になったという伝承がある。都人《みやこびと》の小野篁にちなむ説話からは、この多度の地と京の都の行き来があったことがうかがえる。ただし小野篁は病を理由に遣唐使船に乗らず、隠岐《おき》に流されたとされる。

明治時代以降、おそらく里の人々により千手観音が安置された観音堂にこの十一面観音が置かれたと思われる。

「地元にとって観音さまは氏神様と同じように宝なのでしょう」と多度大社の塚原徳生宮司。紆余曲折《うよきょくせつ》を経て、2体の観音は里人に守られてきた。

多度大社の多度祭で若者たちに歌われるのが「道中《どうちゅう》伊勢音頭」。そこでは「お伊勢参らばお多度もかけよお多度かけねば片参り」と伊勢と多度の両参りを促す。伊勢から多度への道のりをたどるように、伊勢西国三十三所観音巡礼の道はある。いわば、お伊勢参りの帰り道が作られていたのだ。なるほど「もう一つのお伊勢参り」だと合点がいった。（取材　令和4年10月31日）

番外

神寶山 大福田寺

【桑名市】

しんぽうざん だいふくでんじ

伊勢神宮外宮前の寺を桑名に再興。聖天さんを後押しする十一面観音

番外《ばんがい》で始まった伊勢西国三十三所観音巡礼のしめは、やはり番外で。

番外の大福田寺は、桑名駅西口近く、立派な山門《さんもん》と土塀を巡らせて建つ。住職の宇賀淳孝さんは数学の高校教員を辞め、体調を悪くした兄の後を令和元年から引き継いだ。寺の総代から要請を受け、64歳で僧侶の資格を取得したという。

「ここは祭りの多い寺なのですよ」と宇賀住職はまずひと言。除夜の鐘、初詣に始まり、子ども300人ほどが参加する書き初め大会。2月の節分は、7チームに分かれ、千軒以上の家に豆まきに出向く。そして、4月の火渡り祭には、稚児《ちご》行列をはじめ、山伏《やまぶし》と巫女《みこ》

もともとは伊勢神宮外宮前の山田にあった大神宮寺で、聖徳太子の草創と伝わる。

堂内

の衣装を着けた男女200人ほどが火渡りを体験する。これらは、住職の両親が次代を担う子どもたちに寺を知ってほしいと新たに始めた行事だ。そのかいあって今では旧来の檀家《だんか》よりも新しい信者の方が多くなったという。

観音巡礼の観音は、本堂と渡り廊下で結ばれた聖《しょう》天《てん》堂におられる。この寺は、桑名藩主、松平定信の念《ねん》持仏《じぶつ》の聖天尊《しょうてんそん》(歓喜天《かんぎてん》)をまつることから、「桑名の聖天さん」として知られ、毎月1、16日の縁日には大勢の参拝がある。聖天堂に入ると、厨子に納めた秘仏であるのに、歓喜天の威力が発揮されているのか、ぴりりとした緊張感がみなぎる。その歓喜天の厨子の真後ろに立つのが、観音巡礼の十一面観音立像だ。人々の願いをよく聞いてくれるとされる十一面観音が、歓喜天の後ろから支えているかのようだ。「桑名の聖天さん」がよく祈願を叶えてくれるといわれるのは、この十一面観音の後押しも加わっているからかもしれない。

聖天堂で、小さな福袋を授かった。境内の大イチョ

鎌倉時代、伊勢から桑名神戸郷、現在の大福の地に移る。桑名駅西口近くに山門を構える。

本堂には、天照大御神との関わりをうかがせる伝承をもつ聖観音座像を安置。

【DATA】

◉三重県桑名市東方 1426
◉電話＝ 0594-22-0199
◉御朱印場所＝当寺受付
◉参拝時間＝ 9 時～ 17 時

本堂と廊下で繋がれた聖天堂。ここに「聖天さん」と呼ばれる歓喜天と観音巡礼の十一面観音像が。

ウのギンナンと月の数の一円玉を納めたお守り袋。毎月、新しくされるこのお守り袋を授かりにお参りにくる人も多いと聞く。筆者も、またこちらに足を運びたくなった。これも先々代の住職夫妻が始められたことという。先々代の並々ならぬ努力が、今のこの寺を支えている。

また、寺の歴史も興味深い。もともとは伊勢神宮外宮《げくう》前の山田の町にあった大神宮寺《だいじんぐうじ》で、鎌倉時代の火災で焼失したため、桑名の大福の地に再興されたと伝わる。

本堂の聖観音坐像は「合《あわ》せ観音」といわれ、伊勢神宮との縁を感じる伝承をもつ。天照大御《あまてらすおおみ》神《かみ》と春日《かすが》明《みょう》神《じん》から夢のお告げを受けた兄弟の仏師《ぶっし》が半身を別々に造るが、合せると寸分違わずぴたりと合致し、一体の観音像になったという。

伊勢西国三十三所観音巡礼の最後の寺はもともと伊勢神宮を守る寺であったのである。

（取材　令和4年9月7日）

境内の大イチョウ。この大樹のギンナンの実をお守りに。

コラム

満願、公式納経帳もいっぱいに

伊勢西国三十三所観音巡礼では公式納経帳を持って巡った。すべての御朱印をいただき、見直しては満願《まんがん》の喜びを噛みしめている。

伊勢西国の場合、納経帳にはすでに山号寺号、本尊名を各寺の住職の手による筆書きがなされている。お参りすると、そこに参拝した〝おしるし〟として朱の印をいただく。もともとはお経を自分で書き写し寺に納めた、納経が始まりという。現在はそれを簡略化したものが納経帳となっている。そのため、伊勢西国では、一般的な御朱印帳ではなく、納経帳という名称にこだわった。

そもそも御朱印とはなんなのか。それは、近畿一面を巡る西国三十三所（本西国）の始まりに関わっていることに驚いた。

本西国の伝承は、奈良時代の718年、大和国（奈良県）に長谷寺を開いた徳道《とくどう》という高僧が仮死状態になり、夢を見たことに始まる。なんでも徳道上人は冥《めい》土で、閻魔《えんま》大王から近頃、地獄に堕ちる者が多いため、33の観音の霊地をすべて巡れば、堕ちないことにすると言われたという。徳道上人は、その証を尋ねると、33の宝印《ほういん》を集めることであった。この宝印が、各寺で授かる御朱印とされる。なるほど、本西国の御朱印は閻魔大王からいただいたものなのかと感心した。

しかし、この伝承には続きがある。数日後、生き返った徳道上人は弟子とともに三十三所観音の霊場を巡ったが、信じる人がほとんどいなかったため、まだ機が熟していないと、閻魔大王より授かった33の宝印を摂津国中山寺（兵庫県）に埋納した。

そして、平安時代、花山《かざん》天皇がこの宝印を見つけ、観音巡礼を復興させたという。本西国は徳道上人の開創、花山天皇を再興とするのは、いずれも御朱印が核となっている。

ちなみに、伊勢西国にも、徳道上人が開いたとする第十五番長谷寺（津市）。そして花山天皇が本西国を再興する際に手引き観音として開いた第九番千福寺（大台町）がある。

伊勢西国の場合は、古来の本尊印に本尊の種子《しゅじ》（梵字）を中心に製作したものという。私は、第一番太江寺で、「納経帳を棺桶に入れる」と聞いて、妙に納得した。こうした庶民の願望も、観音巡礼は懐深く叶えてくれるのである。伊勢西国では、住職の不在時でも迷惑をかけないようにと、受付や本堂に御朱印を用意している。御朱印は1ケ寺300円、わずかではあるが、これも篤志として寺の維持に役立ててもらうのも本望である。

観音巡礼を終えて

伊勢西国三十三所観音巡礼の連載が「いせ毎日」で始まったのは、令和元年９月。年号が平成から令和へ、天皇の代替わりの高揚感の中でスタートを切った。

私の観音巡礼は、１ヶ月に1回の連載に合せ、月に1度という、牛のような進みであった。時には、大丈夫かと心配されることもあったし、ゆっくりがいいと支持されることもあったが、今では牛歩でよかったと思っている。それゆえに4年をかけての巡礼ができた。

振り返れば、コロナ感染が始り、拡大する自粛中での取材であった。特効薬もワクチンもない昔、疫病退散や病気平癒などを神仏の大いなる力にすがるのもわかるなあ、と。私もまた観音巡礼の寺に参ると、観音さまにコロナの収束を祈っていた。コロナ禍だったからこそ、人々の願いはより切実なものとして伝わってきたのかもしれない。

伊勢西国の39ヶ寺を巡ってみると、巡礼というお参り方法がやけに楽しいことに気づく。これまでも一つひとつの寺はお参りしたことはあったが、順番に巡ると、旅気分が増すのである。公式納経帳を持参して、御朱印をいただき、巡礼の歩みを確認する。次の寺はどんなところだろうとわくわくする。点から線への変化である。

宗派もさまざまな寺では、観音さまが本堂におられることもあれば、べつの観音堂ということもある。また、39の観音さまのお姿もそれぞれ異なっていた。ときにお身体が焦げているという観音さまにも出会った。火災や戦争、神仏分離という制度の変革など、どうにもならない事態にも、地元の人々の配慮で難を逃れた観音像も少なくない。観音さまへの信仰の篤さと、信仰があるがゆえに人々を強くしていることをしみじみと感じた。

私は多くの方に力をいただいた。観音巡礼の取材にあたり、村上会長をはじめ、各寺のご住職にはコロナ禍でも受け入れ、さらに示唆に富むお話しをして下ったこと、まずは御礼申し上げたい。とくに事務局の木造住職は取材先の寺への連絡や取材のアテンドの労を執って、導いて下さった。皆さまとのご縁は私の宝だ。そして連載担当の尾崎記者、単行本の編集担当の林桂吾さんにもお礼申し上げる。皆さま、お世話になりました。感謝多々。

今回の観音巡礼記は、私が見て、聞いて、感じたことを書いた。「私の観音巡礼記」が一冊になったことがお世話になった方々への恩返しになればこの上ない喜びである。

今度は皆さまの足で参られることをお勧めする。ちなみに私は2巡目の巡礼をいつにしようかと思案中だ。

令和5年5月若葉風の中　　筆者しるす

電話	略案内
0599-55-0061	伊勢志摩国立公園の朝熊山(555m)山上に伽藍整う。海上安全の信仰を集める
0596-43-2283	音無山中腹にある古刹、本尊は国重文
0596-22-1710	海抜555mの山上に大伽藍あり、臨済宗別格本山
0596-22-2722	龍神伝説が有名な厄除開運、縁結びの祈祷寺
0598-26-0369	本尊は夫婦観音として二体が祭られる、国重文
0596-28-6709	台地の上にある清楚な禅寺
0599-26-3058	鳥羽市街を眼下するところ、災禍のため本堂等焼失
0596-36-1812	田圃の中の集落にある寺
0598-21-0965	岡寺観音で知られる厄除の寺
0596-62-1018	国束山南麓の寺、伝聖徳太子ご開創、かつては山上に大伽藍を有した
0598-85-0077	宮川の清流沿いの奥まったところにある
0598-37-2873	白鳳2年(673年)開創、藤原鎌足・不比等ゆかりの山上の古刹
0598-49-3001	御丈6.8mの本尊は日本三観音立像の一つ、国重文
0598-49-3001	女人高野、丹生大師で知られ、伽藍整う
059-255-2312	江戸時代の仁王門は市の文化財、境内に老人センターあり
059-225-4013	津市の中心街にあり、津観音で知られる
059-237-2648	長谷山の中腹にあり、山内に福祉施設が並ぶ
059-227-3034	津駅を眼下にする小山の中腹にある、山内に八十八ケ所ミニ霊場
059-227-3632	街中にあり通称初午寺、本尊は伝聖徳太子作、境内に水掛魚伽藍観音が祭られる
059-378-0539	国府、あるいは上寺の観音で知られ、仁王像は国の重文
0595-82-7185	集落の中に位置する、本尊は伝恵心僧都作、市指定文化財
059-386-0046	安産・子育ての子安観音として栄える、境内の不断桜は国の天然記念物
059-382-0610	通称えんま寺、本尊は国重文で厄除が知られる
0595-82-2366	本堂再建中、鉄眼の一切経版木を収める経堂は市指定の文化財
0595-85-1369	山の中腹にあり、内山観音として信仰されてきた
0595-85-0729	山麓の下寺(里寺)と山上の上寺(852m)とがある
059-379-0331	荒神山観音で知られた安濃徳と長吉の争いは有名
059-396-1440	本尊は立派な桧木立の参道(500m)奥の六角堂に奉安されている〈御朱印は元26番慈眼寺〉
059-345-0565	本尊は四足八鳥(ろくろみ)観音とよばれ、そのお姿は日本唯一
059-396-1440	本尊は伝恵心僧都作、元25番の尾高山観音堂は当寺の奥の院
059-331-5448	小高い台地に伽藍があり、慈恵(元三)大師像は国重文
059-365-2595	街中の禅寺、各地霊場巡拝団の満願額がある
059-365-5411	通称蒔田観音、裳階付きの本堂は市指定文化財〈御朱印は参道入口の前川正克氏(製麺所)宅〉
0594-46-8101	藤原岳の北東麓にある風雅な庭園の禅寺
0594-31-8891	小高い岡の上の寺、本尊は市指定文化財
0594-22-0199	山上の城跡に堂宇あり、丈6尺近くの本尊は県指定文化財〈御朱印は番外大福田寺〉
0594-29-2019	山上に本堂と地蔵堂、境内よりの眺望は揖斐川・長良川など絶景
0594-48-2037	多度大社に隣接し、二間四面の小堂〈御朱印は多度大社〉
0594-22-0199	聖徳太子御創建、桑名聖天で知られる

●寺一覧表

札番	山号	寺名	本尊観世音	宗派	所在地
番外	青峯山	正福寺	十一面	真言	〒517-0042 鳥羽市松尾町519
1	潮音山	太江寺	千手	真言	〒519-0602 伊勢市二見町江1659
2	勝峯山	兜率院金剛證寺	十一面	臨済	〒516-0021 伊勢市朝熊町548
3	龍池山	松尾観音寺	十一面	単立	〒516-0014 伊勢市楠部町156-6
4	富向山	田宮寺	十一面	真言	〒519-0434 度会郡玉城町田宮寺322
5	神護峯	中山寺	十一面	臨済	〒516-0035 伊勢市勢田町411
6	慈眼山	金胎寺	千手	真言	〒517-0011 鳥羽市鳥羽3-24-1
7	佛性山	宝林寺	十一面	浄土	〒516-0801 伊勢市御薗町小林361
8	岡寺山	継松寺	如意輪	真言	〒515-0083 松阪市中町1952
元9番	涌福智山	國束寺	十一面	和宗	〒516-2105 度会郡度会町平生1481
9	無量山	千福寺	十一面(手引)	真言	〒519-2422 多気郡大台町柳原201
10	摩尼山	金剛座寺	如意輪	天台	〒519-2177 多気郡多気町大字神坂169
11	丹生山	近長谷寺	十一面	真言	〒519-2176 多気郡多気町長谷201
12	丹生山	神宮寺	十一面	真言	〒519-2211 多気郡多気町丹生3997
13	青瀧山	千手院賢明寺	千手	天台	〒514-1125 津市久居元町2059
14	恵日山	観音寺	聖	真言	〒514-0027 津市大門31
15	近田山	長谷寺	十一面	臨済	〒514-0077 津市片田長谷町230
16	白山	密蔵院	千手	真言	〒514-0007 津市大谷町260
17	馬宝山	蓮光院初馬寺	馬頭	真言	〒514-0004 津市栄町3-210
18	泰平山	府南寺	千手	真言	〒513-0836 鈴鹿市国府町2548
元19番	榊宮山	蓮光寺	十一面	天台	〒519-0137 亀山市阿野田町2246
19	白子山	子安観音寺	白衣	真言	〒510-0254 鈴鹿市寺家3-2-12
20	金井山	林光寺	千手	真言	〒513-0801 鈴鹿市神戸6-7-11
21	日照山	圓福寺	聖	黄檗	〒519-0162 亀山市住山町660
22	清涼山	宗徳寺	十一面	曹洞	〒519-0222 亀山市両尾町208
23	鶏足山	野登寺	千手	真言	〒519-0223 亀山市安坂山町2033-1
24	荒神山	観音寺	十一面	真言	〒513-0011 鈴鹿市高塚町1777
元25番	尾高山	観音堂(旧引接寺)	十一面千手	浄土	〒510-1326 三重郡菰野町杉谷2291-2
25	補陀洛山	勅願院観音寺	如意輪	浄土	〒510-0881 四日市市六呂見町1068
元26番	杉谷観音山	慈眼寺	十一面	浄土	〒510-1326 三重郡菰野町杉谷1797-1
26	垂坂山	観音寺	千手	天台	〒510-8037 四日市市垂坂町1266
27	富田山	長興寺	聖	曹洞	〒510-8014 四日市市富田3-1-16
28	龍王山	宝性寺	十一面	単立	〒510-8022 四日市市蒔田2-12-26
29	鳴谷山	聖寶寺	十一面千手	臨済	〒511-0518 いなべ市藤原町坂本981
30	星川山	安渡寺	聖	単立	511-0912 桑名市星川448-10
31	走井山	勧学寺	千手	真言	〒511-0821 桑名市矢田266
32	雨尾山	飛鳥寺	十一面	真言	〒511-0805 桑名市深谷町2386
33		多度観音堂	十一面	真言	〒511-0106 桑名市多度町多度山下1613
番外	神寶山	大福田寺	十一面	真言	〒511-0811 桑名市東方1426

寺の巡り方

南勢地区（番外～12番）

1. 番外 正福寺
2. 第六番 金胎寺
3. 第一番 太江寺
4. 第三番 松尾観音寺
5. 第七番 宝林寺
6. 第二番 金剛證寺
7. 第五番 中山寺
8. 第四番 田宮寺
9. 元九番 國束寺
10. 第九番 千福寺
11. 第十二番 神宮寺
12. 第十一番 近長谷寺
13. 第十番 金剛座寺
14. 第八番 継松寺

中勢地区（13番～24番）

1. 第十三番 千手院賢明寺
2. 第十五番 長谷寺
3. 第十四番 恵日山観音寺
4. 第十七番 蓮光院初馬寺
5. 第十六番 密蔵院
6. 第十九番 子安観音寺
7. 第十八番 府南寺
8. 元十九番 蓮光寺
9. 第二十一番 圓福寺
10. 第二十二番 宗徳寺
11. 第二十三番 野登寺
12. 第二十四番 荒神山観音寺
13. 第二十番 林光寺

北勢地区（元25番～番外）

1. 第二十五番 勅願院観音寺
2. 第二十六番 垂坂山観音寺
3. 第二十八番 宝性寺
4. 第二十七番 長興寺
5. 第三十一番 勧学寺
6. 番外 大福田寺
7. 第三十番 安渡寺
8. 第三十二番 飛鳥寺
9. 第三十三番 多度観音堂
10. 第二十九番 聖寶寺
11. 元二十五番 尾高山観音堂
12. 元二十六番 慈眼寺

【便利な巡礼タクシー】

伊勢の野呂タクシーでは、伊勢西国三十三所観音霊場巡りのタクシープランを出している。エリアごとに５つのプランが設定されており、便利な巡礼の足となりそう。いずれも要予約、貸し切り。詳しくは、https://www.noro-taxi.com/charge-2.html　電話＝0596-22-2130

［著者紹介］
千種清美（ちくさ・きよみ）
三重県生まれ、文筆家。皇學館大學非常勤講師。三重の地域誌『伊勢志摩』編集長を経て文筆業に。新幹線車内誌『月刊ひととき』に「伊勢、永遠の聖地」を８年間にわたり連載。伊勢神宮の式年遷宮については平成５年、25年の２回取材し、伊勢神宮についての講演や執筆活動を行う。著書は『女神の聖地、伊勢神宮』（小学館新書・全国学校図書館協議会選定図書）など。三重テレビ特別番組の『にっぽんの道』をはじめ、『祈り～神と仏と』『氏神さま』の構成・脚本担当。三重県文化審議会副会長、三重県観光審議会委員など。

編集協力＝伊勢西国三十三所霊場会

デザイン／全並大輝

＊カバー図版／十一面観音立像（近長谷寺）　画像提供＝株式会社ナカガワウエブ制作所
＊本文写真＝伊勢西国三十三所霊場会、株式会社ナカガワウエブ制作所、千種清美

＊本書は「いせ毎日」の連載（令和元年９月～令和５年５日）に加筆・修正したものです。
＊本書の各寺院案内図は、地理院地図 Vector に加筆して使用しています。

伊勢西国三十三所観音巡礼　もう一つのお伊勢参り

2023年6月30日　第1刷発行　（定価はカバーに表示してあります）

著　者　　千種 清美
発行者　　山口 章

発行所　名古屋市中区大須1丁目16番29号
電話 052-218-7808　FAX052-218-7709
http://www.fubaisha.com/
風媒社

乱丁・落丁本はお取り替えいたします。　＊印刷・製本／シナノパブリッシングプレス
ISBN978-4-8331-4311-0

風媒社の本

目崎茂和 編著
古地図で楽しむ三重
江戸の曼荼羅図から幕末の英国海軍測量図、あるいは「大正の広重」吉田初三郎の鳥瞰図――歴史の証人としての古地図、絵図から浮かび上がる多彩な三重の姿。

一六〇〇円＋税

神田卓朗
三重弁やん
元民放局アナウンサーの著者が、三重県人のアイデンティティーとして県内各地で使われている三重弁にスポットを当て、分かりやすくまとめ、解説した肩のこらない故郷のことば再発見の一冊。

一三〇〇円＋税

日下英之 監修
街道今昔 美濃路をゆく
かつてもいまも伊吹山と共にある美濃路。大名や朝鮮通信使、象も通った街道の知られざる逸話や川と渡船の歴史をひもとく。より深く街道ウオーキングを楽しむために！　古写真の今昔対照、一里塚・支線も紹介。

一六〇〇円＋税

石田泰弘 編著
街道今昔 佐屋路をゆく
東海道佐屋廻りとして、江戸時代、多くの旅人でにぎわった佐屋路と津島街道を訪ねてみよう。街道から少し離れた名所・旧跡も取り上げ、読み物としても楽しめるウオーキングガイド。

一六〇〇円＋税

堀江登志実 編著
街道今昔 三河の街道をゆく
信仰や交易の道として信濃や尾張、遠江などと行き交う13の街道を紹介。旅人の気分になって、往時をしのばせる寺社仏閣や路傍の地蔵・道標などを訪ねてみませんか。地元学芸員が紹介する街道歩きの楽しみ。

一六〇〇円＋税

溝口常俊 編著
名古屋の江戸を歩く
ふり返れば、そこに〈江戸〉があった―。いにしえの名古屋の風景を求めて、さまざまな絵図・古地図・古文書から、地名の変遷、寺社の姿、町割りの意味、災害の教訓などを読み解く。

一六〇〇円＋税